出境旅行助手丛书

意大利
Italy
旅行助手

无微不至的旅行管家

《出境旅行助手》编辑部　编著

北京·旅游教育出版社

写在前面 FOREWO

旅行是一种体验,也是一种记忆。

背上行囊,开始远行。书在包中,包在肩上,路在脚下。

出境旅行助手丛书,是实现旅行梦想的工具,是答疑解惑的管家,是收藏记忆的百宝箱。我们以碎片化、图表化的结构,将旅行中可能会遇到的各种问题,直观呈现解决方案,让读者能在最短的时间内,规划出属于自己独一无二的行程,完成一次美好的旅行。

作为旅行助手,我们为您提供了最实用的旅行问题解决方案,随时静候查询:

—— 如何办理护照与签证?
—— 怎样订机票最便宜?
—— 如何解决目的地住宿?
—— 境外刷卡有什么要求?
—— 在境外如何打电话?
—— 出发时要带什么行李?
—— 如何从机场前往市区?
—— 哪些 APP 最实用?
—— 遇到了意外情况怎么办?

作为贴心管家,我们为您做出了科学的行程规划,吃住行游购娱,样样精心安排:

—— 吃什么最地道?
—— 住哪里最合适?
—— 怎样出行最便捷?
—— 去哪玩最经典?
—— 买什么最实惠?
—— 玩什么最尽兴?

凡此种种,对于一个出境游经验不甚丰富的人来说,都是迫切需要解决的

问题。

我们还以"过来人经验谈"的形式,晒出了数十位旅游达人的亲身体验,以期更加深入地与读者分享旅途中的点点滴滴……

说走就走,是旅行的号角;充分准备,是旅行的保障。著名作家王小波曾经说过:"当一切都开始了以后,这世界上再没有什么可怕的事。"Lonely Planet 创始人托尼·惠勒也曾说过:"当你下定决心准备出发时,最困难的时刻就已经过去了。"

亲爱的读者,还在等什么?快把我装在包中,一起出发吧!

PS 本书写了什么?

意大利有着历史悠久的古罗马文化,有众多璀璨的艺术珍宝,还有浪漫的西西里岛,这些都是前往意大利的理由。《意大利旅行助手》浓墨重彩地介绍了"去意大利要做的 9 件事""4 大步骤详解出入境""意大利扫货必备攻略""如何在意大利自驾游"等内容。从行前准备到游玩攻略,从出入境到机票预订、酒店预订等,都事无巨细地进行了梳理,给出特色旅行线路,帮助读者打造专属行程,是国内游客前往意大利旅行的专业助手和旅行管家。

讲究穿着 1

 过来人经验谈

 快乐旅程·男·公司职员·无甚旅行经验

意大利人对穿着十分讲究，在出席正式场合时会注意衣着整齐得体，一般会穿西式服装；在剧院看歌剧时讲究穿着和举止，尤其是男士，会穿西装打领带，并且在看歌剧时不会发出任何怪声和大声评论；而在一些节庆活动中，意大利则常举行盛大的化装游行，此时人们都会穿上各式各样的奇装异服。在意大利如果不知道要穿什么，可选择色泽偏深、做工精致的服装，也可以穿能展现个人魅力的服装，同时也要注重首饰和妆容。

 浅茉儿·女·摄影师·视角独特，善于发现新事物

意大利90%以上的居民信奉天主教，为了表示对宗教信仰的尊重，在参观教堂或天主教博物馆等宗教场所时，要穿着得体，不得穿短裤、短裙或无袖衬衫等。

 管家提示

意大利是著名的时尚国度，当地人对服装的品位十分独特，他们对服装要求大方、整洁、得体。衣服要熨平整，衣领袖口要干净，长袖衬衣的前后摆要塞在裤内，袖口不要卷起。

意大利旅行特别提示
SPECIA

遵从当地人的就餐习惯 2

过来人经验谈

相约在路上·男·自由职业者·热爱旅游，旅游经验丰富

意大利人烹制菜肴时讲究色香味，每道菜肴都做得很精致，让我大饱口福。当地人不论男女都很喜欢喝酒，尤其爱喝葡萄酒，葡萄酒是他们佐餐的必备品。对于就餐时品尝葡萄酒，他们有很多讲究：为防止袖口接触到食物或者葡萄酒，他们会避免穿袖子较宽大的衣服；在品尝葡萄酒前不会喷香水，因为他们感觉这些香气会影响到葡萄酒的品鉴。

Potential Stocks·女·设计师·喜欢追求新鲜事物

我们在意大利餐馆吃意大利面时，发现人们都是用叉子，听朋友说如果用勺子来帮忙取食面条，会让人们知道我们是不熟练的门外汉。待一段时间后，感觉在意大利吃饭确实有很多讲究，比如不要在放过鱼的盘子中放奶酪；不要边吃饭边喝卡布奇诺，因为意大利人将咖啡的角色看得比较重要，往往认为美味的咖啡堪比一顿午餐，甚至有一些餐馆在午后就不再供应卡布奇诺了。

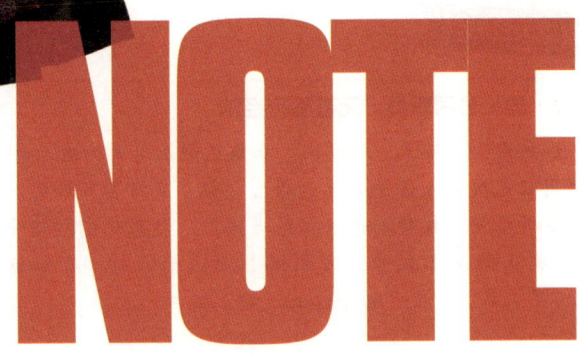

NOTE

Love Baby · 女 · 时尚辣妈 · 有丰富的亲子游经验

在意大利朋友家,了解到了一些餐桌礼仪。比如可根据主人摆的刀叉数量判断食物多少,通常第一道菜会放一把叉子,第二道菜放一把刀和叉,水果刀和点心勺放在盘子前面。餐具越多,表明主人准备的食物越多,因此在吃饭时,每道菜不要吃太多,以免最后吃不下。在吃饭时,尽量不要让刀叉碰撞发出声响。

 管家提示

意大利人很好客,当你前往主人家吃饭时,应该带点葡萄酒、甜食(比如巧克力),或者带些纪念品或鲜花送给主人,要注意礼品的包装应精致一些。在送花时不能送黄雏菊,因为这表示哀悼。在进入主人家时,要先脱帽,进门后将帽子放到帽架上,如果是雨天前往,雨具应放在室外。在离开时,应避免四个人同时交叉握手,因为意大利人感觉十字架形状是不吉利的。

学会跟当地人打招呼 **3**

 过来人经验谈

 快乐旅程 · 男 · 公司职员 · 无甚旅行经验

意大利人很热情,在路上、电梯内,在遇见迎面走来的路人时,意大利人习惯用目光致意或者用简单的语言问候,此时不可佯装没有看到,这样会显得很没有礼貌。你可以跟当地人一样跟他们打招呼,比如清晨或傍晚在街道上散步,碰到擦身而过的人时,可以说:"Buongiorno(早上好)"或"buonasera(晚上好)"。

浅茉儿·女·视角独特，善于发现新事物

意大利人的姓名为名在前，姓在后，熟人之间可直呼其名，而对长者、有地位的人，或不熟悉的人，须称呼他们的姓，同时要加上先生、太太、小姐等称谓，其中太太只用于称呼已婚女士，对于未婚女士一律要称小姐。

> **管家提示**
>
> 和意大利人交谈时要注意掌握分寸，工作、新闻、体育方面的话题比较受当地人喜爱，切忌谈论一些政治、宗教问题。

女士优先的原则 4

 过来人经验谈

 相约在路上·男·自由职业者·热爱旅游，旅游经验丰富

在意大利，女士很受尊重，尤其是在各种社交场合，一定要遵循女士优先的原则。在进行宴会时，要让女士先吃，在女士动用刀叉进餐之后，先生们才可用餐。

 无畏的旅行者·男·公司总经理·喜欢从旅游中感受生活

意大利人对女士特别照顾，男女同行，开始行走时应该让女士先行，在走路时男士应该走在靠车行道一边，让女士多一分安全；上车应让女士先上并给女士开、关门，下车男士先下然后给女士开车门；在出入商店、餐馆等公共场所时，男士应该为女士开门；乘公交车时，男士应该主动为女士让座；女士冬季进屋脱外套或出门穿外套时，男士应主动给予帮助。

> **管家提示**
>
> 在意大利，女士优先是一种约定俗成的习惯，因此男性游客在意大利游玩的时候，要注意保持绅士风度。

必要时使用肢体语言 5

 过来人经验谈

 Love Baby · 女 · 时尚辣妈 · 有丰富的亲子游经验

在听意大利人说话的时候,你会发现一个有趣的现象,那就是他们很喜欢边打手势边说话。他们认为肢体语言比声音更能传递真情实感,而只说话不爱打手势的人,则被认为是不容易让人亲近的人。

意大利比较常见的手势	
手势	意图
用大拇指和食指围成圆圈,其余三指向上翘起	表示好、一切顺利,在餐桌上表示好吃极了或做得棒极了
用食指顶住脸颊来回转动	表示好吃、味道鲜美
竖起食指来回摆动	表示不、不是、不行
五指并拢、手心向下、对着胃部来回转动	表示饥饿

 管家提示

在与不认识的人打交道时,不要用食指的侧面碰击额头,因为这表示说别人"笨蛋""傻瓜";也忌讳用食指指着对方,讲对方听不懂的语言,这样将会造成不可收拾的后果。

不要露富

 过来人经验谈

 快乐旅程·男·公司职员·无甚旅行经验

值得注意的是,在意大利不要外露随身的名牌或假名牌以显示自己很有钱的样子,因为这样容易被坏人盯上以致遭抢。生活在意大利的一些肤色"半黑"的人,最喜欢偷抢中国人。上次就听朋友说,有人遭人直接明抢,不过还好自己护住物品才没有损失。

 浅茉儿·女·摄影师·视角独特,善于发现新事物

意大利有很多热闹的周末集市,在这种人多的地方一定要保护好自己的钱财,也不要佩戴名贵的珠宝前往,否则很有可能会被小偷盯上。

 管家提示

在意大利,拿着假名牌包之类的物品不仅容易遭抢,而且在海关若被警察查到还会被没收和罚款。

目录

亮点　4大特色抢鲜读
016　NO.1 微信互动
016　NO.2 过来人经验谈
016　NO.3 速查速知
016　NO.4 管家提示

游季　意大利四季旅行月历
017　春季
018　夏季
019　秋季
021　冬季

体验　8大玩法必体验
022　NO.1 探索永恒之城——罗马
022　NO.2 游览城中之国梵蒂冈
022　NO.3 品尝最地道的意大利美味
022　NO.4 欣赏价值独特的《最后的晚餐》
023　NO.5 追寻韵味独特的艺术气息
023　NO.6 漫游水城威尼斯
023　NO.7 在托斯卡纳品味葡萄酒的芬芳
023　NO.8 在米兰感受时尚

导读　4条线路玩转意大利
024　经典城市旅行
027　北部休闲旅行
029　沿海滨旅行
031　西西里岛旅行

Part 1
去意大利要做的9件事

NO.1　如何办理护照与签证
036　过来人经验谈
037　熟知护照办理流程
038　自己怎样办签证
040　**管家提示**

NO.2　去意大利怎样订机票
041　过来人经验谈
042　常用的机票预订网
042　提供直飞意大利航班的航空公司
043　购买廉价机票小策略
043　机票预订不可忽略的事
044　图解意大利机票预订流程
045　**管家提示**

NO.3　怎样解决在意大利的住宿
046　过来人经验谈
047　意大利常见的住宿类型
049　"驴友"最常用的预订网站
050　住宿地预订不可忽略的事
051　图解意大利酒店预订流程
055　**管家提示**

NO.4　如何在意大利刷卡
056　过来人经验谈
056　哪些信用卡在意大利能用
057　如何在意大利使用信用卡/借记卡
059　信用卡享受保险
059　**管家提示**

NO.5　兑换适量的欧元
060　过来人经验谈

060	支持欧元兑换的机构
061	坚决不要大额欧元
061	带多少欧元合适
061	**管家提示**

NO.6 携带行李有讲究
062	**过来人经验谈**
062	必备行李
063	备用装备
063	做个行李备忘录
064	行李打包窍门
065	**管家提示**

NO.7 做好通信准备
066	**过来人经验谈**
067	方便快捷的国际漫游
068	省钱的电话卡
069	教亲人如何与你联系
069	**管家提示**

NO.8 买份旅行保险
070	**过来人经验谈**
070	哪些保险公司靠谱
071	花小钱换大保障
071	**管家提示**

NO.9 提前下载 APP
072	**过来人经验谈**
073	Google 地图、翻译
073	奥维互动地图
073	离线地图 MAPS.ME
074	有道词典
074	猫途鹰
074	ProntoTreno
075	赴意大利旅行指南 Habitour
075	订房看 Booking
075	**管家提示**

Part 2
4 大步骤详解出入境

NO.1 出境别大意
078	**过来人经验谈**
078	为何提早去机场
079	**管家提示**

NO.2 入境别慌张
080	**过来人经验谈**
081	边检过关不要紧张
081	行李领取不出错
082	海关检查不左顾右盼
082	注意申报问题
083	离开机场
083	不可不知的转机常识
084	打电话与国内亲人联系
085	如何适应意大利时差
085	**管家提示**

NO.3 从机场前往市区
086	**过来人经验谈**
086	乘车前往
090	提车自驾前往市区
090	**管家提示**

NO.4 安全离境那些事
091	**过来人经验谈**
091	办理离境手续
091	离境检查
091	**管家提示**

专题：在意大利乘公共交通工具
092	在意大利乘地铁
093	在意大利乘公交车
095	在威尼斯乘水上巴士
095	在意大利乘出租车

Part 3 境内预订，看这些就够

NO.1 长途汽车预订
- 098 **过来人经验谈**
- 098 畅行意大利的长途汽车线路
- 099 长途汽车购票
- 099 **管家提示**

NO.2 火车票预订
- 100 **过来人经验谈**
- 102 畅行意大利的火车线路
- 104 能够享受优惠的通票/优惠卡
- 105 图解火车票预订流程
- 110 **管家提示**

NO.3 渡轮预订
- 112 **过来人经验谈**
- 112 畅行意大利的渡轮线路
- 114 图解渡轮预订流程
- 116 **管家提示**

NO.4 机票预订
- 117 **过来人经验谈**
- 117 常用的热门机票预订网
- 118 图解意大利境内机票预订流程
- 120 **管家提示**

NO.5 旅行团预订
- 121 **过来人经验谈**
- 121 在意大利怎样报团
- 121 意大利知名地接社
- 122 跟团游经典线路
- 122 **管家提示**

Part 4 吃货教你吃"意"餐

NO.1 意大利有什么好吃的
- 126 **过来人经验谈**
- 127 平常都爱吃这些
- 128 地方特色比较"甜"
- 128 **管家提示**

NO.2 找餐馆有技巧
- 129 **过来人经验谈**
- 130 怎样找到中餐馆
- 132 常见的意大利餐馆类型
- 133 寻找餐馆集中区及本土餐馆
- 136 **管家提示**

NO.3 怎样看懂菜单
- 137 **过来人经验谈**
- 137 意大利人一日四餐吃什么
- 138 像当地人一样去点餐
- 140 **管家提示**

NO.4 结账时如何付费
- 141 **过来人经验谈**
- 142 结账方式的选择
- 142 小费如何支付
- 142 **管家提示**

Part 5 意大利扫货必备攻略

NO.1　买什么最地道
- 146　**过来人经验谈**
- 147　本土品牌
- 148　特产
- 149　化妆品
- 149　服装
- 149　**管家提示**

NO.2　去哪里买最合适
- 150　**过来人经验谈**
- 150　购物场所
- 154　免税店
- 154　**管家提示**

NO.3　砍价结账必用技
- 155　**过来人经验谈**
- 155　哪些地方可以砍价
- 155　砍价小窍门
- 155　**管家提示**

NO.4　说说退税那些事
- 156　**过来人经验谈**
- 156　旅行者如何退税
- 157　了解意大利增值税
- 157　**管家提示**

Part 6 如何在意大利自驾游

NO.1　准备
- 162　**过来人经验谈**
- 162　了解意大利的公路状况
- 163　确定行程与路线
- 164　买一份中英文的地图
- 164　提前做好驾照公证
- 164　**管家提示**

NO.2　租车
- 165　**过来人经验谈**
- 166　租车自驾需符合条件
- 166　车友常用的自驾租车网
- 167　学会挑选租车公司与车型
- 169　一图学会网上租车
- 171　**管家提示**

NO.3　提车
- 172　**过来人经验谈**
- 172　如何前往租车公司网点
- 173　一图学会办理手续
- 174　提车注意事项
- 175　**管家提示**

Part 7 意大利主题游精选

NO.1　历史遗迹之旅
- 192　**过来人经验谈**
- 193　古罗马斗兽场
- 194　万神殿
- 195　庞贝古城
- 196　比萨斜塔
- 197　其他历史遗迹
- 197　**管家提示**

NO.2　博物馆之旅
- 198　**过来人经验谈**
- 199　梵蒂冈博物馆
- 199　乌菲齐美术馆
- 200　碧提宫
- 200　达·芬奇科技博物馆
- 201　其他博物馆
- 201　**管家提示**

NO.3　广场之旅
- 202　**过来人经验谈**
- 203　威尼斯广场
- 203　纳沃纳广场
- 203　西班牙广场
- 204　圣马可广场
- 204　其他广场
- 204　**管家提示**

NO.4　教堂之旅
- 205　**过来人经验谈**
- 206　圣彼得大教堂
- 207　米兰大教堂
- 207　花之圣母大教堂
- 208　圣马可大教堂
- 208　安康圣母教堂
- 209　圣玛利亚感恩修道院和教堂
- 210　其他教堂
- 210　**管家提示**

NO.4　驾车
- 176　**过来人经验谈**
- 177　规划线路有张有弛
- 177　了解当地驾车习惯
- 178　熟悉当地交通规则
- 180　道路标志解读
- 180　公路收费
- 181　掌握停车技巧
- 181　学会加油
- 183　故障／违章／意外事故处理
- 185　随车设备有备无患
- 185　**管家提示**

NO.5　还车
- 186　**过来人经验谈**
- 186　机场还车轻车熟路
- 187　异地还车方便快捷
- 187　**管家提示**

NO.6　自驾新方式
- 188　**过来人经验谈**
- 189　小房车大世界
- 189　房车自驾省钱小窍门
- 189　**管家提示**

NO.5　其他特色主题
- 211　**过来人经验谈**
- 212　品味意大利美食
- 212　畅游西西里岛与撒丁岛
- 213　在阿尔卑斯山滑雪
- 213　探索阿马尔菲海岸
- 213　**管家提示**

NO.3　其他突发事件
- 223　**过来人经验谈**
- 223　卫生间的那点事
- 223　迷路了怎么办
- 223　**管家提示**

专题：带小孩游意大利
- 224　出行准备
- 224　机票
- 225　住宿
- 225　游玩
- 227　医疗

专题：陪老人游意大利
- 228　签证
- 228　住宿
- 228　游玩
- 229　饮食

Part 8　突发情况的应对

NO.1　物品丢失
- 216　**过来人经验谈**
- 216　护照丢失
- 217　信用卡丢失
- 218　行李丢失
- 219　机票丢失
- 219　遇到小偷
- 219　**管家提示**

NO.2　身体不适
- 220　**过来人经验谈**
- 220　说说意大利医疗
- 220　在意大利看普通病
- 221　在意大利急诊
- 221　买药方式
- 222　食物中毒
- 222　突发疾病
- 222　普通感冒
- 222　**管家提示**

Part 9　附录
- 232　应急电话
- 232　ATM 取款常用语
- 232　中国驻意大利使领馆
- 233　意大利主要旅游网站
- 233　意大利世界遗产
- 235　意大利行政区划
- 237　女性与儿童健康

亮点

HIGHLIGHT

4大特色抢鲜读

NO.1 微信互动
关注我们的微信公共平台"出境旅行助手"（微信号：cjlvzs），动动手指就能获取境外旅行资讯、攻略、小技巧，让旅途更加轻松、多姿多彩。

NO.2 过来人经验谈
过来人告诉你如何玩意大利，让你消除对意大利的陌生感。不管是办护照、签证，还是入境，甚至如何吃、住、行、游、购等，都能从过来人的讲述中汲取经验。

NO.3 速查速知
快速获取意大利应急电话、中国驻意大利使领馆、意大利主要旅游网站、意大利主要城市地铁交通图、意大利世界遗产等信息。

NO.4 管家提示
管家提示无微不至，从计划出行到从意大利回来面面俱到，让你用最简单、省心的方式畅游意大利。

游季

意大利四季旅行月历

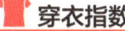 穿衣指数

春季 3~5月

白天：平均气温15℃，可穿套装、夹衣、风衣、休闲装、夹克、西装、薄毛衣等保暖衣物。

夜间：平均气温6℃，可穿风衣、大衣、外套、毛衣、毛套装、防寒服等保暖衣物。

温度

罗马春季气温			
月份	3月	4月	5月
日均最高气温	15℃	18℃	22℃
日均最低气温	6℃	8℃	12℃

节日及节庆

时间	节日及节庆
3月	复活节（3月22日至4月25日之间）、佛罗伦萨Taste品味展
4月	维罗纳国际葡萄酒展、米兰国际家具展（4月中旬）、意大利解放日（4月25日）
5月	卡利亚里圣埃菲索节（5月1日至4日）、圣热内罗节（5月第一个周日）、巴里圣尼古拉纪念日（5月7日）、古比奥蜡烛节（5月15日）、撒丁岛人的马队游行（5月第二个周日）

适合游玩之地

春季适合游玩之地资讯

名称	地址	交通	特色
威尼斯大运河	威尼斯市内	乘坐水上公交车可游览大运河	泛舟河上,静赏周围美景
五渔村	利古里亚大区拉斯佩齐亚省海沿岸地区	乘火车从罗马或佛罗伦萨前往拉斯佩齐亚,然后转车前往各个村子	拥有浪漫的碧蓝海水、色彩斑斓的建筑和铺满鹅卵石的道路
波多菲诺小镇	热那亚菲诺港	从热那亚乘坐火车前往	号称地中海第一小镇
索伦托	北距那不勒斯27千米	从那不勒斯乘L1号地铁到达Universita'站,然后转乘公交车即到	城筑于海滨峭壁上,被柠檬、油橄榄与桑树等树木围绕,是春季游玩的胜地
那不勒斯湾	那不勒斯西南的米塞诺岬与坎帕内拉角间	在那不勒斯海边步行游览	以风景优美著称,著名的游览区有古城庞贝、赫库兰尼姆遗迹
塔兰托别墅花园	Giardini di Villa Taranto Via Vittorio Veneto,111, 28922 Verbania	从塔兰托火车站驾车经Viale Virgilio前往	拥有景色优美的植物园,春季可在这里欣赏美丽的郁金香

夏季 6~8月

穿衣指数

白天： 平均气温26℃,建议穿棉麻面料的衬衫、薄长裙、薄T恤等透气性较好的衣服。

夜间： 平均气温16℃,建议穿长袖衬衫、长袖毛衣、外搭小外套等保暖衣服。

温度

米兰夏季气温			
月份	6月	7月	8月
日均最高气温	22℃	29℃	28℃
日均最低气温	15℃	17℃	17℃

节日及节庆

时间	节日及节庆
6月	那不勒斯剧院艺术节、威尼斯双年展（6月持续到10月，奇数年举办）、拉韦洛节
7月	诺安特里节（7月19~26日）、锡耶纳赛马节、陶尔米纳国际艺术节（7、8月举办）
8月	八月节（8月15日）、拉斯佩齐亚划船赛（8月的第一个周日）、威尼斯国际电影节（8月末到9月初）

适合游玩之地

夏季适合游玩之地资讯			
名称	地址	交通	特色
科莫湖	米兰市东北50千米	从米兰中央火车站乘坐火车可到	世界著名休闲度假胜地
撒丁岛	意大利半岛海岸以西200千米	可乘飞机或渡轮前往	撒丁岛素来与"大海和度假"联系在一起，每年夏天是撒丁岛海岸线以及临近小镇的旅游旺季
卡普里岛	那不勒斯湾南部入海口附近	从那不勒斯可乘班次频繁的渡轮和水翼艇到达	有迷人的阳光与海滩，优美的海岸，丰富的古迹
波托菲诺	里格连海岸东面	乘渡轮前往	政界要人、明星名流等人的聚集地
利多岛	横贯威尼斯东南	可在圣马可广场码头乘1号、51号、52号等水上巴士前往	其东侧面朝大海，有一片狭长的海滩

秋季 9~11月

穿衣指数

白天： 平均21℃，建议穿透气性好的衬衫、薄T恤加薄外套等衣服。

夜间： 平均12℃，建议穿套装、休闲装、夹克衫、薄毛衣等。

温度

威尼斯秋季气温			
月份	9月	10月	11月
日均最高气温	24℃	18℃	12℃
日均最低气温	14℃	9℃	4℃

节日及节庆

时间	节日及节庆
9月	圣真那罗节（9月19日）、威尼斯赛舟节（9月第一个周日）、阿斯蒂省庆典节（9月第二个周日）
10月	罗马欧洲艺术节（9月末至11月）、都灵国际美食节
11月	万圣节（11月1日）、松露季、歌剧季（持续时间较长）

适合游玩之地

秋季适合游玩地资讯			
名称	地址	交通	特色
基安蒂地区	托斯卡纳大区	从佛罗伦萨自驾约1小时可到	拥有举世闻名的葡萄园以及保存完好的中世纪城堡，每到秋季，这里便被大片黄叶覆盖
蒙塔尔奇诺	距锡耶纳42千米	从锡耶纳乘公交车可到	附近有两个意大利最重要的葡萄酒产区——蒙塔尔奇诺布鲁诺和蒙塔奇诺若索
圣吉米尼亚诺	锡耶纳省的一个中世纪小城	从锡耶纳乘公交车可到	以中世纪建筑闻名，同时还出产白葡萄酒
埃特纳火山	西西里岛东海岸的墨西拿和卡塔尼亚之间	可在1800米高的知识庇护所（Rifugio Sapienza）搭缆车上山，再换吉普车探访火山口	这里有茂密的林带、果园、葡萄园和橘子林，秋季时节美景无限
厄尔巴岛	托斯卡纳大区西边海域中	可从意大利各大沿海城市乘船前往	拥有风景如画的小渔村、碧绿的山谷、古代的城堡

冬季
12月至次年2月

👕 穿衣指数
白天：平均13℃，穿套装、风衣、休闲装、夹克衫、薄毛衣等保暖衣服。

夜间：平均5℃，建议穿毛套装、羽绒服等保暖衣服。

🌡 温度

佛罗伦萨冬季气温			
月份	12月	1月	2月
日均最高气温	10℃	10℃	12℃
日均最低气温	2℃	1℃	3℃

🎈 节日及节庆

时间	节日及节庆
12月	圣诞节（12月25日）
1月	主显节赛船会（1月6日）、意大利滑雪季（1、2月）
2月	威尼斯狂欢节、维亚雷焦狂欢节（2月中旬）

📷 适合游玩之地

冬季适合游玩之地资讯			
名称	地址	交通	特色
多洛米蒂山区	阿尔卑斯山脉	可乘飞机前往	最具创新性的电子化滑雪世界
亚平宁山脉	亚平宁半岛东侧	从古比奥乘E054路公交车可到	冬季可在滑雪练习场享受滑雪的快乐
塞斯特列雷	都灵省	自驾车前往	拥有优质的滑雪场
梅拉诺	博尔扎诺	从博尔扎诺乘火车比较方便	以温泉浴场而闻名
斯泰尔维奥国家公园	博尔米奥（Bormio）	从博尔米奥沿SP29公路自驾前往	意大利最大的公园，欣赏山景的好去处

体验

8大玩法必体验

NO.1 探索永恒之城——罗马

无论是象征性景点古罗马斗兽场与万神殿,还是"能给人带来幸福"的罗马许愿池,都让罗马那"永恒之城"的名号名副其实。有时会感觉"罗马"远比"意大利"更能代表这个国家,就在这片土地上曾诞生了横跨欧亚非三大洲的罗马帝国。在悠久的历史长河中,这里诞生了恺撒、屋大维、君士坦丁大帝等一代伟人,并留下了众多振奋人心的历史故事为后人津津乐道。

NO.2 游览城中之国梵蒂冈

梵蒂冈作为世界上领土面积最小、人口最少的国家之一,却拥有很多令人瞩目的亮点。这不仅仅表现在它是世界天主教的中心上,还表现在其众多古罗马人建筑与生活遗迹中。在这里,你可以到欧洲天主教徒的朝圣地——圣彼得大教堂,感受精美的建筑艺术;也可以到聚集了无数珍品的梵蒂冈博物馆,感受文艺复兴艺术的魅力。

NO.3 品尝最地道的意大利美味

意大利有着"西餐之母"的称号,其美食数量多、口味独特,在这里,总能找到一道符合你口味的美食。这种美食可能是国内常见的比萨与意大利面,或者是被奉为经典的意大利冰激凌,或者是味道香浓的提拉米苏,更或者是意大利随处可见的意式咖啡和佐餐必备的葡萄酒,无论是哪种美味,总之,都能让你的味蕾得到满足。

NO.4 欣赏价值独特的《最后的晚餐》

来到意大利,不去看看著名艺术家达·芬奇的惊世之作《最后的晚餐》，你的旅程难免会有些遗憾。这幅位于圣玛利亚感恩修道院和教堂中的壁画，是达·芬奇所有该题材创作的作品中最著名的一幅，也标志着文艺复兴艺术创造的成熟与伟大。快来这里，感受经典艺术的魅力吧。

NO.5 追寻韵味独特的艺术气息

在意大利，有着众多艺术气息浓郁的城市，在这些城市中漫步，你会不禁沉醉于意大利那有着浓厚历史积淀的艺术氛围之中。威尼斯是感受意大利艺术的必访之地，这里的艺术可体现在风格各异的房屋建筑上、雕刻着精美图案和花纹的走廊上，以及布满镶嵌画的教堂穹顶上，这种自然流露的艺术之美，让人沉醉不已。而佛罗伦萨作为欧洲文艺复兴运动的发祥地，更是让灵魂得到升华的好去处。

NO.6 漫游水城威尼斯

威尼斯是文艺复兴的精华，也是一个名副其实的水城。威尼斯有"因水而生，因水而美，因水而兴"的美誉，这座与水共融的城市，有着蜿蜒的水巷，流动的清波。乘坐小艇泛舟运河之上，可以感受独特的水上都市风情。

NO.7 在托斯卡纳品味葡萄酒的芬芳

在意大利，葡萄酒是当地人佐餐的必备品，在意大利占据着重要的地位。托斯卡纳是意大利著名的葡萄酒生产大区，这里拥有得天独厚的气候环境，因而孕育出了闻名遐迩的葡萄酒。安帝葡萄酒是托斯卡纳最负盛名的葡萄酒，深得爱酒人士的喜爱。

NO.8 在米兰感受时尚

米兰作为世界时尚之都，可谓是时尚界的风向标。这里有着极具天赋的世界级设计大师，他们用自己独特的创新理念，创造出了众多赫赫有名的时尚大牌，其中包括范思哲、古驰、阿玛尼、华伦天奴等。更让世界瞩目的当属著名的米兰时装周，该时装周有"世界时装晴雨表"之称，其重要程度不言而喻。

导读　4条线路玩转意大利

经典城市旅行

线路1：罗马→比萨→佛罗伦萨→威尼斯

过来人经验谈

快乐旅程 · 男 · 公司职员 · 无甚旅行经验

　　当时到罗马的时候是秋天，温度比较适宜，只是连着几天晚上都下了一些雨。此时前来罗马游玩的人不算太多，玩得也还比较舒心。我在机场购买了罗马通票（Roma Pass）72小时卡，这给我带来了很大便利，持卡可免费参观一些博物馆，还可在有效期内免费乘坐在罗马市区运行的任意公共交通工具。这里要提醒一下，该卡虽然是72小时卡，但其实只有3天有效期，从开通那天算起。

Potential Stocks · 女 · 设计师 · 喜欢追求新鲜事物

　　来到比萨时，天气很好，当时在比萨斜塔那里到处都是拍照的人，我们挤了半天才拍了几张照。然后，我们乘坐火车来到了距离比萨不远的佛罗伦萨。这座徐志摩笔下的"翡冷翠"之城，给我带来了很多乐趣。对于我们这种不太懂得艺术的人来说，在佛罗伦萨的注意力竟然不自觉地转移到了吃上，尤其是美味的大牛排Bistecca della Fiorentina，现在还总是让我念念不忘。

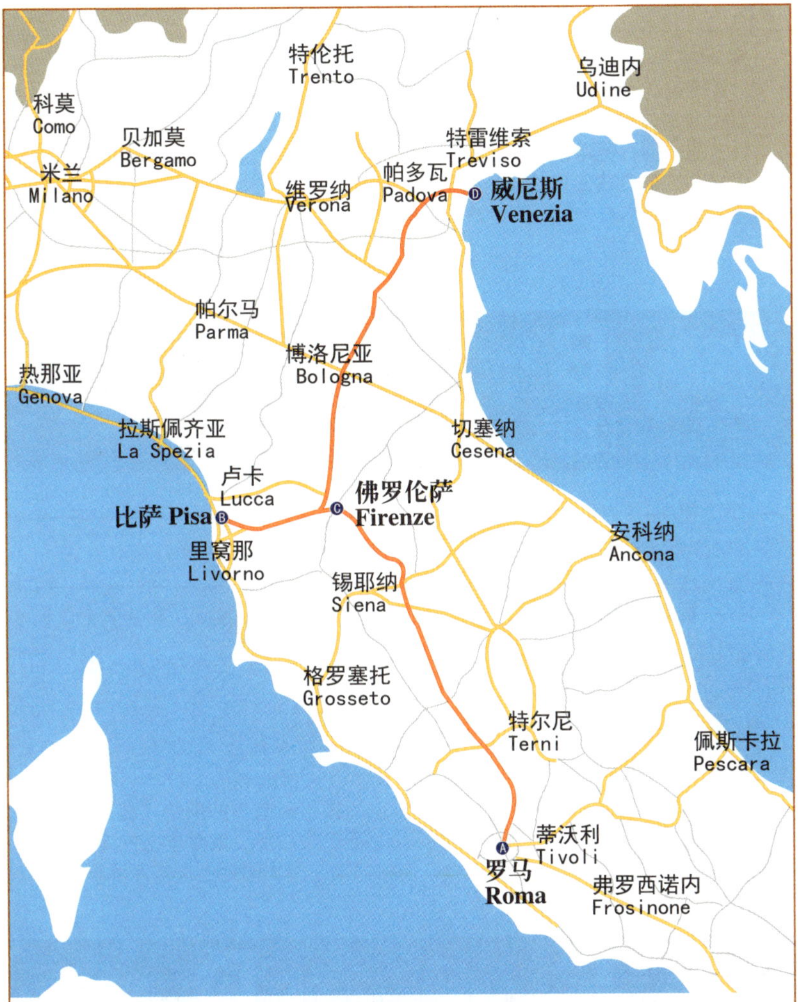

▲线路 1（经典城市旅行）示意图

A 罗马 ⟷ B 比萨

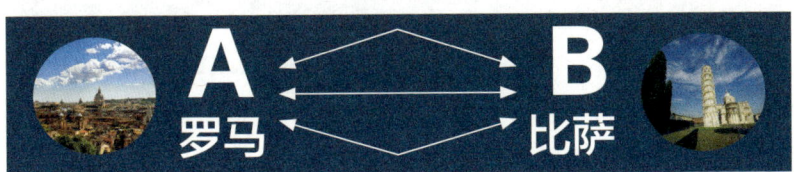

乘火车

罗马有前往比萨的中央火车站的慢速火车，车程约 4 小时。整段旅程沿海行驶，可欣赏优美风景，建议乘坐。

游玩特色

在罗马，适合开启一场古老历史文化的探索之旅，你可在这里参观雄伟壮观的罗马斗兽场、巍峨的万神殿，还可以坐在西班牙广场的台阶上感受罗马假日的风情，更可以在拥有美丽传说的许愿池中投币许愿。

比萨的名胜古迹以奇迹广场为中心，包括比萨斜塔、比萨大教堂、洗礼堂等。比萨城市很小，可步行游览，从最南边的机场走到北边的主教堂广场，步行需四五十分钟。

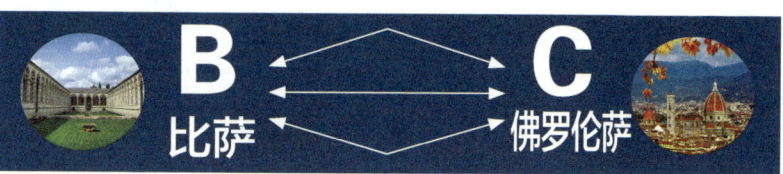

—— 乘飞机 ——
从比萨伽利略国际机场可乘坐飞机前往佛罗伦萨，时间较短。

—— 乘火车 ——
比萨伽利略国际机场有频繁的火车班次前往佛罗伦萨，非常方便，1个多小时即可到达。票价为一等车厢11.9欧元，二等车厢7.9欧元（价格有所不同）。

 游玩特色

佛罗伦萨为著名的"百花之城"，也是徐志摩笔下的那个"翡冷翠"。这座浪漫的艺术之城中，有着著名的花之圣母大教堂、馆藏丰富的乌菲兹美术馆、精致华美的碧提宫，在这里，你将为文艺复兴时期的杰作深深折服。

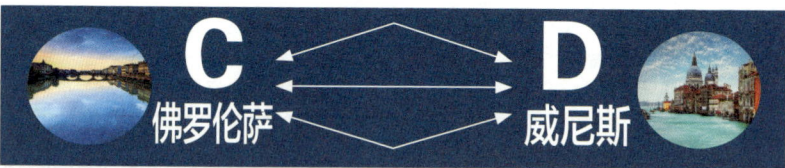

—— 乘火车 ——
从佛罗伦萨可乘火车前往威尼斯，其中乘坐欧洲之星（ES）约需两个半小时，票价较高；乘坐稍慢一点的城际列车（IC），约3小时，票价约20欧元。威尼斯有两个火车站，距离市区较近的火车站是Santa Lucia车站。

游玩特色

威尼斯作为一座历史文化名城,拥有教堂、钟楼、宫殿、博物馆等艺术及历史名胜400多处。在这里,你可乘坐有当地特色的贡多拉穿行在威尼斯大运河之中,可在叹息桥上感悟电影《情定日落桥》中的情怀,也可到著名的玻璃岛——穆拉诺岛上一探究竟。

管家提示

在意大利旅行,一些交通通票/卡会为你节省不少花销,除了经常提到的罗马通票(Roma Pass),佛罗伦萨旅游局也推出了一种佛罗伦萨卡(Firenze Card),价格为72欧元,有效期为72小时,在有效期内可持票参观市内各大博物馆、美术馆和教堂一次,在有效期内可无限次乘坐公交车。

北部休闲旅行

线路2:米兰→都灵→博洛尼亚

过来人经验谈

浅茉儿·女·摄影师·视角独特,善于发现新事物

我相信每个人心中的米兰都不一样,在我心目中,米兰就是一个奢华的时尚之都。伴随着无限憧憬,我们终于来到梦寐以求的城市——米兰。我们是从威尼斯乘坐火车来到米兰的,我们首先见到了米兰中央火车站,它有着与其他火车站不同的魅力,仿佛是一件建筑艺术品,充满着浓郁的文化气息。

▲线路2(北部休闲旅行)示意图

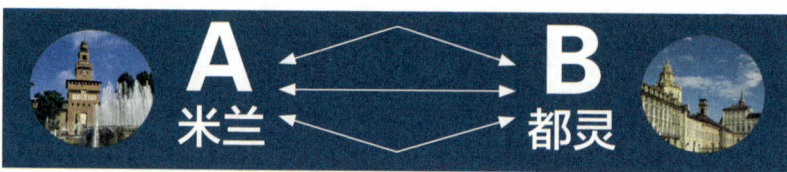

―― 乘火车 ――

从米兰的多个火车站均可乘坐火车前往都灵，乘坐欧洲之星列车，约需1个小时可到，票价约为30欧元；乘坐慢车价格会便宜一半，用时大约2小时。

―― 乘汽车 ――

从米兰前往都灵乘坐长途汽车也比较便捷。米兰机场每天约有3班汽车前往都灵火车站，票价为18欧元，车程为2个多小时。

> **游玩特色**
>
> 米兰作为时尚之都，是购物的好去处。在这里，你可选择到奢华的米兰黄金四角区血拼，感受无尽的购物乐趣；如果你是一个球迷，则可到圣西罗球场感受足球的魅力；如果你喜欢歌剧，则可在斯卡拉歌剧院感受意大利歌剧的魅力；如果你痴迷于文艺，则可在《最后的晚餐》中感受经典杰作的魅力。
>
> 都灵城中有恬静浪漫的咖啡馆、充满古韵的电车、精美绝伦的拱廊，漫步在街道上，仿佛就在一幅古老的画卷里。在都灵，你可欣赏17世纪意大利最著名的建筑之一――都灵王宫，也可到都灵皇家歌剧院中欣赏一场高水准的歌剧演出。

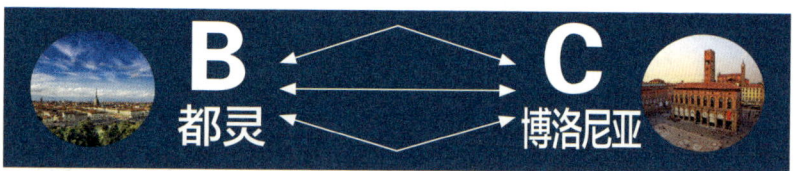

―― 乘火车 ――

都灵Porta Susa、Torino Porta Nuova火车站有开往博洛尼亚Bologna Centrale车站的火车，车次很多，其中快车每小时一班，到达博洛尼亚用时2个多小时，二等座约60欧元；慢车需要3个多小时，票价约需50欧元。

> **游玩特色**
>
> 博洛尼亚是意大利最古老的城市之一，城市中的博洛尼亚大学是西方第一所真正意义上的大学，双塔是博洛尼亚的标志性建筑，而兰博基尼博物馆是了解兰博基尼汽车文化的好去处。

管家提示

意大利北部的这三座城市都偏向地中海气候,四季分明,冬季温和多雨,夏季炎热干燥。夏季的时候,当地人很可能会选择去海边度假、消暑,可能吃、住、购物可选择的空间会少一些。夏季前来旅游时,注意准备好防晒用品。

沿海滨旅行

线路3:那不勒斯→庞贝→索伦托→阿马尔菲海岸

无畏的旅行者·男·公司总经理·喜欢从旅游中感受生活

趁着天气不错,我们从那不勒斯一路自驾前往庞贝,抵达庞贝时10:00,当我们到达了一个三岔路口,有几名当地人示意我们不能再继续前行,并指挥我们将车停在了一个餐馆旁边的停车场。庞贝古城很大,里面有很多沧桑的街道,整个游览下来估计得花半天时间,因为接下来我们还想去索伦托,所以就简单地逛了2小时。在庞贝古城匆匆游览完之后,又赶快自驾前往索伦托。这个地方很不错,可以远眺维苏威火山以及卡普里岛。

▲线路3(沿海滨旅行)示意图

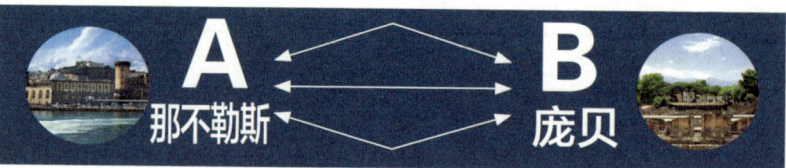

——乘火车——

可乘那不勒斯到萨兰托方向的火车，在 Pompei 站下即到，用时约半小时；也可选择乘环维苏威的那不勒斯-索伦托（Napoli-Sorrento）线在 Pompei Scavi 站下车；乘环维苏威的 Napoli-Poggiomarino 线在 Pomper Santuario 站下，入口为 Piazza Anfiteatro（露天剧场大门）。

——乘汽车——

乘坐汽车约需 1 小时。

 游玩特色

那不勒斯是一座具有多面性的城市，这里的建筑风格多样，1995年那不勒斯历史中心被联合国教科文组织列为世界文化遗产。这里的主要景点有那不勒斯皇宫、那不勒斯主教大教堂、普雷比席特广场、圣多美尼克教堂等。

庞贝是古罗马第二大繁华富裕的城市，这里有神庙、公共市场、市政中心大会堂等建筑，还有可容纳 1 万多名观众的圆形竞技场。

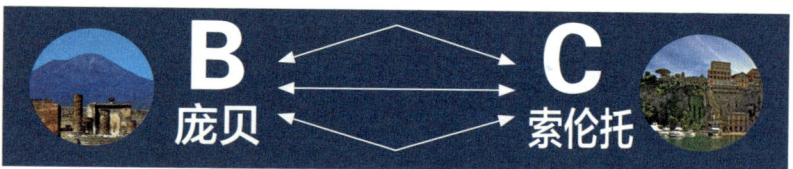

——自驾——

可沿 Via Plinio 路向西南走 SS145 公路驶入圣安吉洛（Sant'Agnello）的 Corso Marion Crawford，然后继续沿该路行驶约 6 分钟即到索伦托。总路程所需时间约为 50 分钟。

——乘火车——

可从庞贝的 Pompei Scavi 火车站乘坐环线小火车到索伦托，约需 1 小时。

 游玩特色

索伦托（Sorrento）风光秀丽旖旎，一边是曲折的海湾，一边是蔚蓝的大海，还可远眺维苏威火山和卡普里岛美景。这里是高尔基于 1924—1927 年的居住地，同时也是文艺复兴时期最后一位大诗人塔索的故乡。

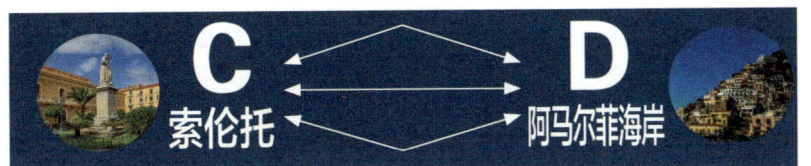

自驾

从索伦托的 Piazza Torquato Tasso 路向东行驶，到 Via Fuorimura，然后沿着 SS163 公路前往阿马尔菲海岸，约需 1 小时。阿马尔菲海岸极美，自驾可途经阿马尔菲海岸的市镇，小镇中分布着众多漂亮的酒店，你可以随时停下来小住一晚。

乘汽车

索伦托火车站有直接发往阿马尔菲海岸的汽车。

游玩特色

阿马尔菲海岸西起索伦托半岛南侧的波西塔诺，东至滨海维耶特里，以崎岖的地形、优美的风景、拥有多样文化的城镇而著称，是欧洲景色最壮美的海岸之一。

管家提示

可从那不勒斯的旅游服务中心处索取免费的地图和相关的资讯介绍，还可购买一张坎帕尼亚大区的 3 日交通卡。此外，在索伦托的旅游服务中心也可索取免费地图，还有各种火车、公交车发车的时间表。

西西里岛旅行

线路 4：巴勒莫→阿格里真托→卡塔尼亚→陶尔米纳→墨西拿

过来人经验谈

Love Baby · 女 · 时尚辣妈 · 有丰富的亲子游经验

因为对《西西里的美丽传说》很痴迷，所以硬让老公带着我们一家人来到了西西里岛。后来我才发现，其实西西里岛比较小，公共交通也不是很发达。但是因为第一次踏上意大利西西里岛，还是充满了梦幻和新奇，仅仅是在市区随意逛逛也感到很快乐。我们还去了海边，感受了来自地中海的清新空气，孩子们玩得不亦乐乎。

▲线路4（西西里岛旅行）示意图

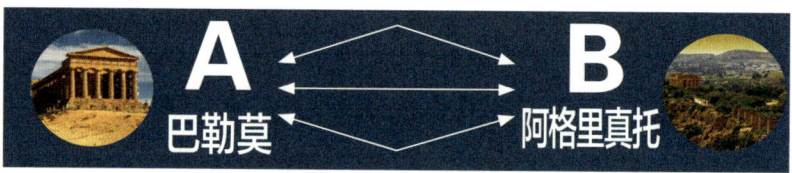

— 乘火车 —

从巴勒莫前往阿格里真托的火车比较频繁，约需2小时，花费6.85欧元。

— 乘汽车 —

从巴勒莫机场有开往阿格里真托的汽车，票价为8.6欧元。

 游玩特色

巴勒莫曾被歌德称为"世界上最优美的海岬"，在这里可参观马西莫剧院、圣卡特林娜教堂、蒙雷阿莱大教堂等景点。阿格里真托考古区被列入世界遗产名录，拥有众多古老的神庙遗迹，同时还有可远眺阿格里真托市区的神殿之谷。

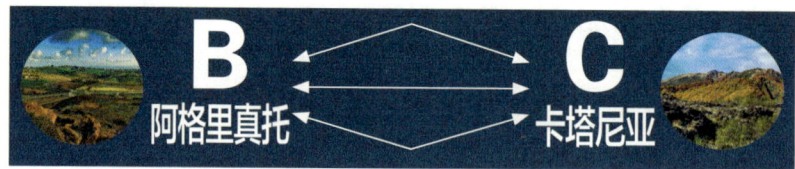

— 乘火车 —

从阿格里真托中央火车站可乘火车前往卡塔尼亚，不过班次较少，最好选择乘坐汽车前往。

— 乘汽车 —

从阿格里真托可乘SAIS汽车公司运行的汽车前往卡塔尼亚，需要3小时，花费12.4欧元。

游玩特色

　　卡塔尼亚是意大利文化、艺术和政治的中心之一，这里每年 7 月都会举办 "巴洛克文化周" 活动。主教堂广场是城市的生活中心，四周围绕着众多巴洛克式建筑。

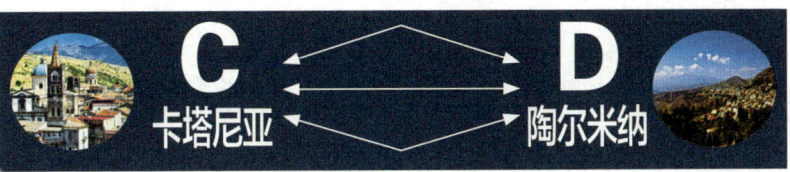

──**乘火车**──

　　从卡塔尼亚火车站北边可乘坐汽车前往陶尔米纳，约需 1.5 小时，需花费 4.9 欧元。

 游玩特色

　　陶尔米纳建在海边的小山上，在古老的小城内，古老的教堂、民宅、房顶、街口放置的陶制大花坛，让人陶醉不已。其周围还有一座贝拉岛（Isola Bella），被列为国家自然保护区。

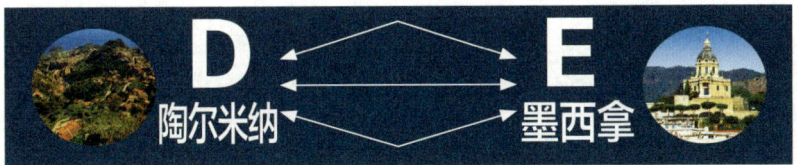

──**乘火车**──

　　陶尔米纳定期有前往墨西拿的火车，所需时间 40~75 分钟，价格 4~7 欧元。

──**乘汽车**──

　　从陶尔米纳乘汽车前往墨西拿十分便利，每天都有频繁的班次前往，约需 4 欧元，用时 1 小时。

 游玩特色

　　墨西拿是意大利西西里岛上的第三大城市，这里有着著名的意大利足球俱乐部——墨西拿队。你可在这里游览斯特龙博利火山、萨蒂西玛·安努兹亚塔教堂及喷泉。

Part 1
去意大利要做的 9 件事

NO.1 如何办理护照与签证

过来人经验谈

快乐旅程·男·公司职员·无甚旅行经验

在前往意大利旅游之前4个月,我就开始着手办理签证的事情,网上的说法鱼龙混杂,有说需要找代理的,也有说需要找中介的,当然还有说自己亲自去办理的。找代理价格比较贵,我果断地选择了自己前往签证中心办理。准备资料是一个繁复的过程,护照、申请表、证件照、机票预订单、行程安排资料、保险等都需要准备好,这些资料按照签证中心网站上的要求准备就行了。总体来说办理签证还挺顺利的,没有面签,5天之后便出签了。

Potential Stocks·女·设计师·喜欢追求新鲜事物

意大利属于申根国家,我此次旅行主要以意大利为主,便办理了意大利申根签证。首先我登录了意大利签证服务中心官网 www.italyvac.cn,上面的资料挺齐全的,我在上边了解了一些基本的签证资料,知道可在该网站上下载签证表格,也可到签证中心免费领取。需注意的是在着手办理签证之前一定先把往返机票和酒店预订好,并打印预订单,这是办签证必要的资料。

无畏的旅行者·男·公司总经理·喜欢从旅游中感受生活

我们此次旅行选择的是意大利和法国,这两个国家均为申根国,只要办理一个国家的申根签证就可以了。听朋友说意大利签证比较容易,所以我们果断选择了办意大利签证。

★ 熟知护照办理流程

准备材料
- 居民身份证原件及复印件
- 户口簿原件及复印件
- 2张免冠彩色照片（在出入境管理处或指定的照相馆照相）
- 填写完整的中国公民因私出国（境）申请表

↓

前往办理地点

- **当地人**：前往户口所在地的公安局（市/县）的出入境管理处
- **外地人**：若在可就近办理护照的43个城市居住或工作，携带本人有效身份证或户口簿在当地办理（需就业地一年以上缴纳社保证明），若在其他城市需回户口所在地办理

↓

缴费
- 首次办理：200元/本
- 换发：220元/本，含换发加注费，加注、延期20元/项（次）

↓

办理时限

受理申请后，审批、制作和签发护照的时间为10～15个工作日

↓

领取护照

- **本人领取**：携带本人身份证或户口簿、领取护照回执领取证件，仔细核对证件内容，有错误可及时改正
- **他人代领**：代领人携带本人身份证或户口簿、护照申请人身份证复印件、领取护照回执到出入境管理处领取
- **快递**：在中国公民因私出国（境）申请表上填写邮寄地址，办理手续并缴纳快递费

PART 1　去意大利要做的9件事

★ 自己怎样办签证

意大利为申根国家，去意大利旅行，办理申根签证即可。申根签证允许游客在意大利的最长停留期限为90天。申根国家包括：奥地利、比利时、捷克共和国、丹麦、爱沙尼亚、芬兰、法国、德国、希腊、匈牙利、冰岛、意大利、拉脱维亚、立陶宛、卢森堡、马耳他、荷兰、挪威、波兰、葡萄牙、斯洛伐克、斯洛文尼亚、西班牙、瑞典、瑞士、列支敦士登。持以上任一国家的申根签证，都可以自由进入申根国家。中国公民可以选择在居住地最近的意大利签证申请中心（www.italyvac.cn）提交签证申请。

意大利签证申请中心		
名称	地址	电话
北京意大利签证申请中心	北京市朝阳区工人体育场北路13号院（海隆石油南门）1号楼2层211室至212室	010-84185417
上海意大利签证申请中心	上海市徐家汇路555号广发银行3楼	021-63901803
广州意大利签证申请中心	广州市天河区广州大道中988号圣丰广场2楼05-06室	020-38784008

注：签证中心对外开放时间为周一至周五，周六日及国定节假日除外，签证递交材料时间：8:00~15:00，取护照/电话咨询时间：8:00~17:00。

自己办签证流程

```
              申请条件
   ┌──────┬──────┬──────┬──────┐
意大利短期   护照有6个   有足够资金来    最多提前3个月申请签
旅行，一般   月以上有效   支付在意大利    证，建议尽量在半个月
停留期不超   期，至少2    逗留期间的所    前递交申请，以免耽误
过90天      页空白页     有开销         行程
```

所需准备的材料

- 签证申请表（填写完整，并由申请人签字），可在 www.vfsglobal.cn/italy/china/chinese/index.ntml 上下载，用A4纸打印或复印。还需要2寸背景为白色底的彩色照片
- 往返机票预订单，国际旅游保险（保险金额不低于3万欧元），户口本原件及复印件，旅行期间住宿预订证明，最近3～6个月的银行对账单，有出国经历需带好身份证和相关的证明文件
- 在职者：需说明职位、薪资、劳动关系等情况的单位证明
  学生：相关的证明物件，如学生证，学校提供的证明资料等
  退休或无业人员：需要退休证或收入证明

递交材料

- 自己向北京、上海、广州意大利签证中心递交材料及申请
- 可以通过指定旅行社代理（包括凯撒、众信、华远、中青旅、携程、中航国旅、中国国际旅行社等指定代理机构）递交

付费

- 申根签证费用：90天内60欧元（428元人民币）
- 个人申请服务费180元人民币/人；ADS团队申请服务费115元人民币/人；快递费50元人民币；复印费1元人民币/张；照片费35元人民币

关于面签

- 到意大利签证中心递交申请资料，一般不需要面签
- 如果是领事馆抽中你，指定你面签也不用紧张，他们只会问一些很简单的小问题，大多与旅行或之前的出行有关，如实回答即可

领取签证

- 现在意大利签证办理时间已经缩至36小时

tips

申请人在递交资金证明时,建议提供工资卡及对账单,最后消费记录须在提交申请日期前 30 天内;申请表上的照片需为护照尺寸,且为白色背景。旅游签证到期,是不允许延期的,你必须在签证到期前离开意大利。

代办机构推荐

名称	网址
中国国际旅行社	www.bjcts.cn
携程网	www.ctrip.com
众信旅行社	bj.utourworld.com
中青旅遨游网	www.aoyou.com
凯撒旅游网	bj.caissa.com.cn

管家提示

根据意大利驻中国使领馆的要求,中国公民将不再受户口、暂住地或工作所在地限制,可以选择在距离居住地最近的意大利签证申请中心提交签证申请。如果取消了酒店订单,可能成为被拒签的原因。根据意大利使领馆的规定,被拒签的申请将不退还原件。

NO.2 去意大利怎样订机票

过来人经验谈

相约在路上 · 男 · 自由职业者 · 热爱旅游，旅游经验丰富

我习惯在携程上预订机票，此次也是选择从该网上预订机票。我打算8月出发，由于8月正处于意大利旅行的旺季，我从3月便开始查看机票，当时最便宜的是俄罗斯航空，后来在等签证的过程中我也一直关注各航空公司的特价票，但是也没有什么优惠。后来，无意中搜到了一张北京往返米兰的意大利航空机票，虽然中途需要转机，但还是感觉比较实惠。

快乐旅程 · 男 · 公司职员 · 无甚旅行经验

机票一定要提早订，我们之前一直在纠结先办理签证还是先订机票，眼看着机票天天涨价，最后错过了东方航空上海直飞罗马的往返机票6000元的价格，无奈之下只好改换了联程转机航班。去程我们选择的是在法国巴黎转机，回程选择的是伦敦，本以为转机很浪费时间，但是转机时我们在机场购物收获了很多惊喜。

我们当时也看了英航的机票，比较便宜，但是又考虑到英国不是申根国家，转机可能会遇到一些不必要的麻烦，所以没有选择。

无畏的旅行者 · 男 · 公司总经理 · 喜欢从旅游中感受生活

从北京到罗马的票价花了6000多元，我朋友比我早一星期买，就买到5000多元的机票。还要提醒一点，尽量别赶在留学生返校的时间前去意大利，那时候意大利为旅游旺季，票价折扣少。关于订票网站，我推荐一下我

PART 1

去意大利要做的9件事

朋友订票的天巡网,上面的机票折扣较多,不过低价票往往会被一抢而空,确定行程后还要早下手为强。

 Love Baby·女·时尚辣妈·有丰富的亲子游经验

以我之前带孩子坐飞机的经验,建议多给孩子带一些玩具(不要有声音的),以及小零食等,以免让孩子在飞机上无聊到哭闹。在乘机时可以向乘务员说明情况,提前一段时间登机,给孩子一些适应的时间。在飞机起飞前向自己周围的乘客们打好招呼,万一孩子哭闹影响他人的时候,还能取得谅解,并且在主动示好的情况下,基本都能给孩子找到两到三个新朋友。

★ 常用的机票预订网

国内常用的可以预订国际航班的机票网一般为去哪儿、携程、天巡等,出行前善于利用这些资源,便可以预订到比较满意的机票。

常用的机票预订网推荐		
名称	网址	特色
去哪儿	www.qunar.com	信息全面,常有特价机票
携程	flights.ctrip.com	有各类国内外低价机票
一起飞	jps.yiqifei.com	有一年内各国航空公司的航班,价格便宜,可在不付款的情况下出飞机票订单
天巡	www.tianxun.cn	可比较一月之内或一年之内任何航班线路的机票价格,比较从出发地至世界各国、选定国家所有城市的机票价格,辅助用户选择价格最优的目的地,还可查询多数航空公司的实时票价信息
艺龙	www.elong.com	提供酒店、机票及旅行团购产品等预订服务

★ 提供直飞意大利航班的航空公司

我国提供直飞意大利航班的航空公司比较多,你可从各大航空公司了解相应的乘坐信息。除了从中国直飞意大利外,还可从莫斯科、巴黎、伦敦等地转机,票价更便宜。

中国直飞意大利的航空公司推荐		
名称	航线	网址
中国国际航空	北京、上海—罗马、米兰	www.airchina.com.cn
国泰航空	香港—罗马、米兰	www.cathaypacific.com
中华航空	台北—罗马	www.china-airlines.com

★ 购买廉价机票小策略

购买机票,一般提前半个月到一个半月可以买到比较优惠的机票。可登录各主要航空公司的网站上查询,也可通过实用的廉价航空比价网,搜索便宜的机票。

中国飞意大利的廉价航空公司网站推荐

名称	网址	特色
全球低价航空公司(No Frill Airline)	www.attitudetravel.com/lowcostairlines	确定想去的区域、国家,即可找到所有飞往该国的低价航空公司,再点相应的航空公司,即可得知各家的航线和特惠
瑞安航空公司(Ryanair)	www.ryanair.com	欧洲最大的廉价航空公司,遍布欧洲17个国家,其机票价格往往是其他航空公司的40%
最后一刻(Lastminute)	www.lastminute.com	紧急寻找廉价机票比价网
易捷航空(Easyjet)	www.easyjet.com/cn/	欧洲著名的廉价航空公司,航线密度大,价格实惠
普利斯林(Priceline)	www.priceline.com	可组合两个不同航空公司的航班,买到比正常情况便宜的转机机票;另一大特色是可通过竞价方式拍到最便宜的机票或宾馆住宿
卡雅(Kayak)	www.kayak.com	信息量大的搜索网站,不卖机票,帮助对比所有卖机票网站和航空公司网站的价格,能搜出便宜的机票(廉价航空公司的除外)
Vayama	www.vayama.com	专门为订国际机票而开的网站,可以买到最高60%折扣的国际机票
Airfare	www.airfare.com	常提供折扣可达70%的机票
Cheapflights	www.cheapflights.com	提供美洲及欧洲廉价航空机票比价

★ 机票预订不可忽略的事

1 了解机票预订最佳时机

机票价格浮动很大,通常12月至次年3月的机票最贵,4~5月其次,10~12月再次。最好提前预订机票,并且多比较几家航空公司和机票订购网站。如果时间允许的话,可以考虑转机,转机比直飞便宜。要注意若是转机的话,一定要事先留出2个小时以上的转机时间,以免误机。

2 提前购买行李票有折扣

如果在出发前确认行李会超额,可以通过上网提前预订行李额度的方式,获取航空公司给予的特别折扣。此外,亚洲航空等廉价航空公司行李托运一般都需要额外付费,买机票时提前在网上购买行李托运额度,比在柜台办理可节省高达20%的托运费。

3 注意行李问题

买好票之后,要注意向自己购买机票的航空公司咨询携带行李的件数、重量和行李的尺寸。一般来说,行李限带1~2件,每件不得超过23千克,行李的尺寸不超过158厘米。随身行李不能携带打火机、指甲刀、液体饮料等,如果行李中包括这些物品可选择托运,否则查出后会被销毁。在托运行李的时候,可以在柜台询问是否需要上锁。

主要航空公司行李规定

航空公司	行李规定
意大利国家航空公司	托运行李:两件,每件重量不能超过32千克,三边总和不超过158厘米
中国东方航空	托运行李:头等舱2件,公务舱、经济舱1件,重量以5千克为限,三边之和不超过115厘米 手提行李:头等舱2件,公务舱、经济舱1件,重量以5千克为限,三边之和不超过115厘米
中国国际航空	托运行李:头等舱、公务舱2件,每件重量限额为32千克;经济舱2件,每件行李重量限额为23千克;三边之和不超过158厘米 手提行李:头等舱2件,每件不超过5千克;公务舱、经济舱1件,重量不超过5千克;三边之和小于115厘米
中国南方航空公司	托运行李:45千克/件 手提行李:头等舱2件,公务舱、经济舱1件,三边之和小于115厘米

★ 图解意大利机票预订流程

国内网站订票

在国内航空公司的中文官方网站上订票并不难,下面就以中国国际航空公司官网为例,详解预订流程。

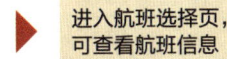

登录网站，在左侧"机票查询预订"处，完成航班的选择	进入航班选择页，可查看航班信息	选完后输入验证码继续下一步

按要求填写相关信息	进入支付，完成支付订单	确认订单

国外网站订票

国外有很多网站都能够提供特价机票预订，网站运营体系非常成熟，操作起来也比较方便。不过为了安全起见，建议在正规的廉价航空公司订票。www.lastminute.com 订票界面：

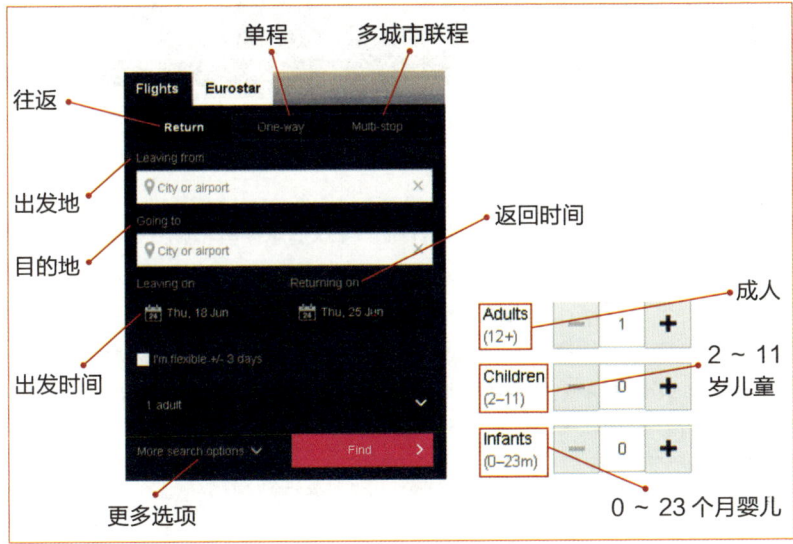

管家提示

现在大多数航空公司都提供电子机票，与传统的纸质机票一样，可以依据各航空公司规定进行更改、签转与退票。预订电子机票，可先登录相关的航空公司网站，查询某航班的电子机票，然后准确填写机票预订内容，确认订单后，在线支付票款。然后你会收到相关的电子机票号，在登机前持有效身份证件原件到机场电子机票柜台领取登机牌即可。

NO.3 怎样解决在意大利的住宿

> 过来人经验谈

 Potential Stocks · 女 · 设计师 · 喜欢追求新鲜事物

因为我打算去五渔村,又听说那里是著名的旅游胜地,交通非常方便,但是住宿却不太好订。在确定好具体的旅行时间后,我和朋友提前一个月就着手预订住宿了。经过在Booking上查找,发现五渔村的住宿费用挺高的,尤其是一些可俯瞰海景的住宿场所。经过比较,我们选择了一家感觉性价比较高的民宿。实践证明,还是物有所值的。

 浅茉儿 · 女 · 摄影师 · 视角独特,善于发现新事物

我的意大利之行,最深切的体会就是罗马的那家华人旅馆实在是太差了。因为考虑到初次到意大利旅游,所以专门选择了便于交流的华人旅馆,80欧元每晚,可能因为我们住的时间比较短,所以老板对我们的态度不是很好,卫生间也不太干净。相对来说,米兰的住宿就不错,不但交通方便,内部设施也比较完善,还提供了味道不错的早餐。总的来说,意大利的住宿比较贵,如果选择的是经济型住宿,一般房间干净、交通方便就不错了,不要奢求太多。

还要注意,在Booking上预订住宿地时,尽量选含早餐的,因为在意大利早餐也往往需要花费10余欧元；同时还要让酒店发邮件联系你，告诉你怎么前往住宿地。

相约在路上·男·自由职业者·热爱旅游，旅游经验丰富

罗马的酒店非常多，因为我选择的是自驾游览，所以选择性更多，在乘坐地铁不容易到达的很多的住宿地环境都很好。不太方便的是，意大利各大城市中，有很多酒店位于ZTL（禁入区域）内，要提前了解清楚，不要误闯进去，如果已经误闯，需提前让酒店注册你的车牌，让相关人员帮助你消除记录。

★ 意大利常见的住宿类型

意大利住宿场所可选择范围很广，从奢华的星级酒店到个性十足的古堡饭店与民宿，应有尽有。在每年的旅游旺季或大型国际博览会（如2015年米兰世博会）举行之际，一定要提前在网站上预订好住宿。此外，意大利的酒店内一般不提供牙膏、牙刷、梳子、拖鞋、剃须刀等个人用品。

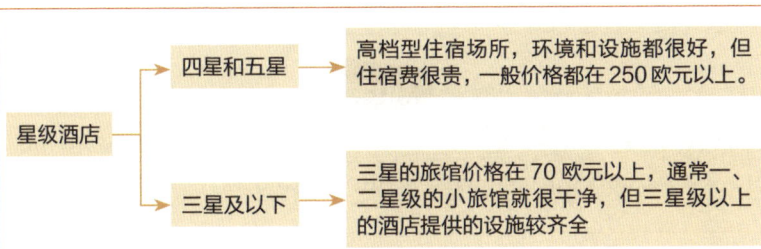

tips

在火车站附近通常有一些一、二星级的酒店，这些地方往往没有电梯，不建议携带行李比较多的游客入住。

民宿	选择范围很广，从经过装修的农舍，到普通住户出租的平房，应有尽有，具体信息可在 www.bbitalia.it 上查询
家庭旅馆	通常被称为 Pensione，相当于一至三星级旅店，费用为 40 欧元起
青年旅舍	由意大利青年旅舍协会管理，费用较便宜。在意大利连锁青年旅舍中住宿要出示青年旅舍会员卡。可满足基本需求的青年旅舍需要 16~30 欧元，单人间 30 欧元，双人间 50 欧元，相关信息可在 www.hostels.com 上查询
农庄	美丽的乡间农庄（Agriturismo）可远离城市生活的喧嚣，具体信息可在 www.agriturismo.it 上查询
露营	意大利的露营地通常是为自驾一族准备，价格随季节有所波动，7~8 月价格较高，此时一般需 10~20 欧元 / 人

tips

推荐几家露营地预订网站：www.camping.it、www.italcamping.it、www.campeggi.com、www.eurocamp.co.uk。

特色住宿地	修道院	有些修道院会面向公众出租，价格较便宜，且极富特色，你可在 www.initaly.com/agri/convents.htm 上查看相关资讯
	山间小屋	在阿尔卑斯山脉等山区遍布着众多山间小屋，费用为 20 ~ 30 欧元 / 人（通常含早餐）
	古堡饭店	古堡饭店是意大利的特色住宿，不过这类旅馆并不多见。在罗马近郊有一些由过去的贵族别墅改成的高级旅馆，很是气派，收费当然也很高

tips

1. 如果不想要房价中包含的早餐，可以事先通知店方，一般可以退还早餐费。如果在住宿问题上产生纠纷，可以向旅游局申诉。此时，你可以跟他们说英语，旅游局会采取相应的措施解决纠纷。

2. 如果未能在预订的时间内及时前往酒店入住，需与所要入住的酒店说一声；在入住酒店时，要注意自身形象，不要随意穿睡衣在走廊行走；在往浴槽中放水时，注意不要让水溢出来，不然弄湿地板，将会被酒店要求赔偿，可以提前将浴槽幔放在浴槽里，防止水溢出来。

★ "驴友"最常用的预订网站

"驴友"常用的意大利住宿预订网有 Booking、Agoda 等，你可通过这些网站预订到意大利各种类型的酒店。还有一些当地的住宿网站，也值得推荐。

"驴友"常用的酒店预订网推荐		
名称	网址	特色
Booking	www.booking.com	有中文网站，使用方便，但可选择的住宿地相对来说较少
Agoda	www.agoda.com	提供全球低价的酒店折扣价格，预订酒店需要提前付款，可以使用双币信用卡或者支付宝支付
Super 8	www.super8.com	知名的经济型连锁酒店品牌，酒店众多，价格实惠
Hostel Traveler	www.hosteltraveler.com	可预订青年旅舍和廉价旅馆
Priceline（竞拍网站）	www.priceline.com	可通过竞价方式拍到最便宜的宾馆，缺点是不能取消订房
Airbnb	zh.airbnb.com	可联系旅游人士和有空房出租的房主的服务型网站，为用户提供各式各样的住宿信息，价格通常比酒店便宜

意大利本地住宿预订网站推荐	
网址	特色
www.bbitalia.it	提供各种民宿
www.anbba.it	提供各种类型的 B&B 和宾馆的预订服务
www.camping.it	提供各种露营地信息
www.agriturismo.it	从中可找到美丽的农庄信息

★ **住宿地预订不可忽略的事**

1. 提前预订住宿地

意大利住宿地价格在淡季和旺季会有一定浮动，在夏季前往沿海地区或者是在冬季前往滑雪胜地，都一定要提前预订住宿地。通常在一些节庆，如圣诞节、威尼斯嘉年华会等前后，会出现一房难求的状况。

2. 提前与店家沟通

在意大利住宿，在入住之前可与店家进行沟通，与其讲清楚住房的类型、是否含有早餐、是否收取消费税，以及其他提供服务是否收费等；结账时要索取收据（receipt）。

3. 考虑多方面因素

现在的住宿预订网站鱼龙混杂，在预订住宿地时，要充分考虑价格、质量、地理位置、交通等因素。如果希望交通方便，可以选择住在市中心，这样还可以省去不少的交通费用；如果希望价格优惠，可以在交通比较便利的情况下，选择距离市区较远的住宿地。自己在预订时，最好保存好相关邮件，以免造成麻烦。

4. 可从旅行社打探消息

你除了可在网上寻找房源之外，还可以从各大旅行社打探消息，很多旅行社往往会推出自由行套装，或是安排机票＋住宿地的行程。你可从中选择最符合自己需求的套餐。

5. 看看是否需要上城市税

在意大利众多旅游城市的一些酒店入住，需交纳城市税（tassa di soggiorno），这种费用不包含在房费中。在预订住宿地之前，要确认一下是否需要交城市税，如果需要，应该额外交多少钱。

6. 在当地预订住宿

如果你没有提前预订住宿地，可在意大利各大机场的宾馆向导服务柜台或是观光处，询问相关的住宿地预订信息，大多数地方可以直接预订住宿地。

★ 图解意大利酒店预订流程

在意大利一些相关的外文网站上有着很多具有当地特色的住宿场所，这些网站还往往会标注额外的优惠信息，下边就以 Bed&Breakfast Italia 网站为准，介绍一些意大利住宿场所的预订流程。

① 打开网站 www.bbitalia.it，根据不同的目的地或者是不同类型选择相应住宿地，下面以罗马为例进行分析

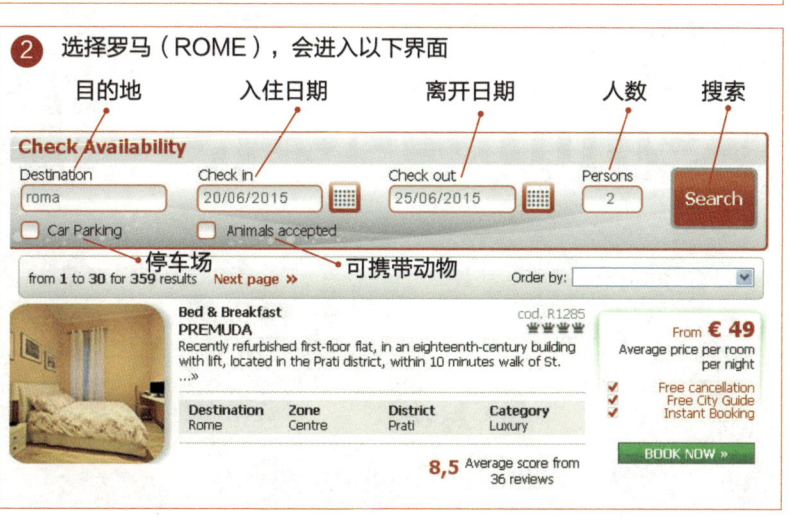

② 选择罗马（ROME），会进入以下界面

③ 点击搜索后，出现以下界面，选择相应住宿场所后，点击预订

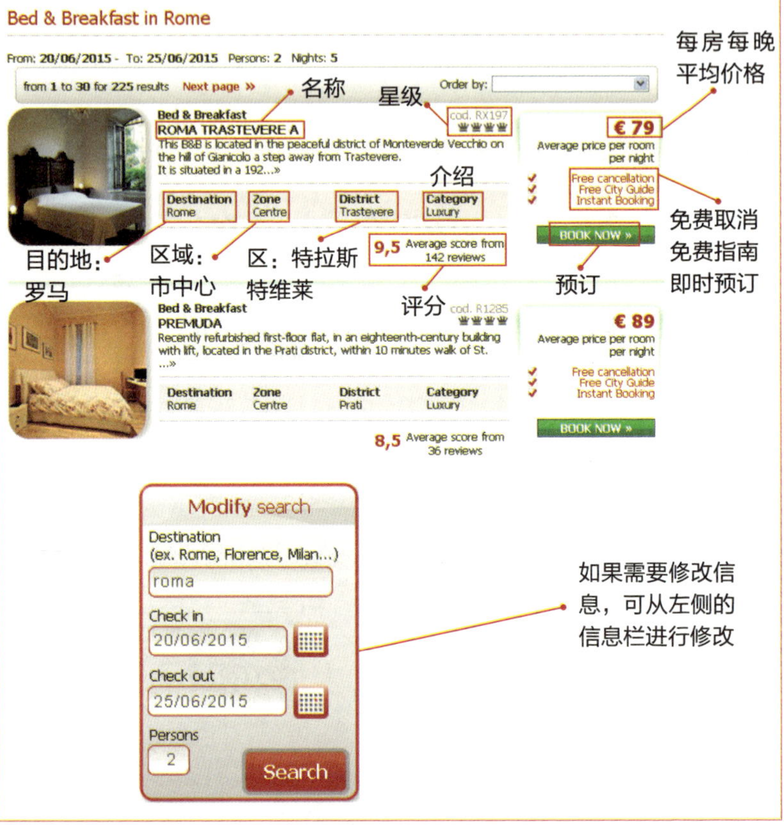

Bed & Breakfast in Rome

From: 20/06/2015 - To: 25/06/2015 Persons: 2 Nights: 5

from 1 to 30 for 225 results Next page »

- 名称
- 星级
- 每房每晚平均价格
- 介绍
- 目的地：罗马
- 区域：市中心
- 区：特拉斯特维莱
- 评分
- 预订
- 免费取消 免费指南 即时预订

如果需要修改信息，可从左侧的信息栏进行修改

④ 点击预订后会出现一个相关的信息界面，进行选择之后，再选择预订

BED & BREAKFAST ROMA TRASTEVERE A

⑤ 点击预订后，需要核实信息，并填写预订者信息

▲核实信息

去意大利要做的9件事

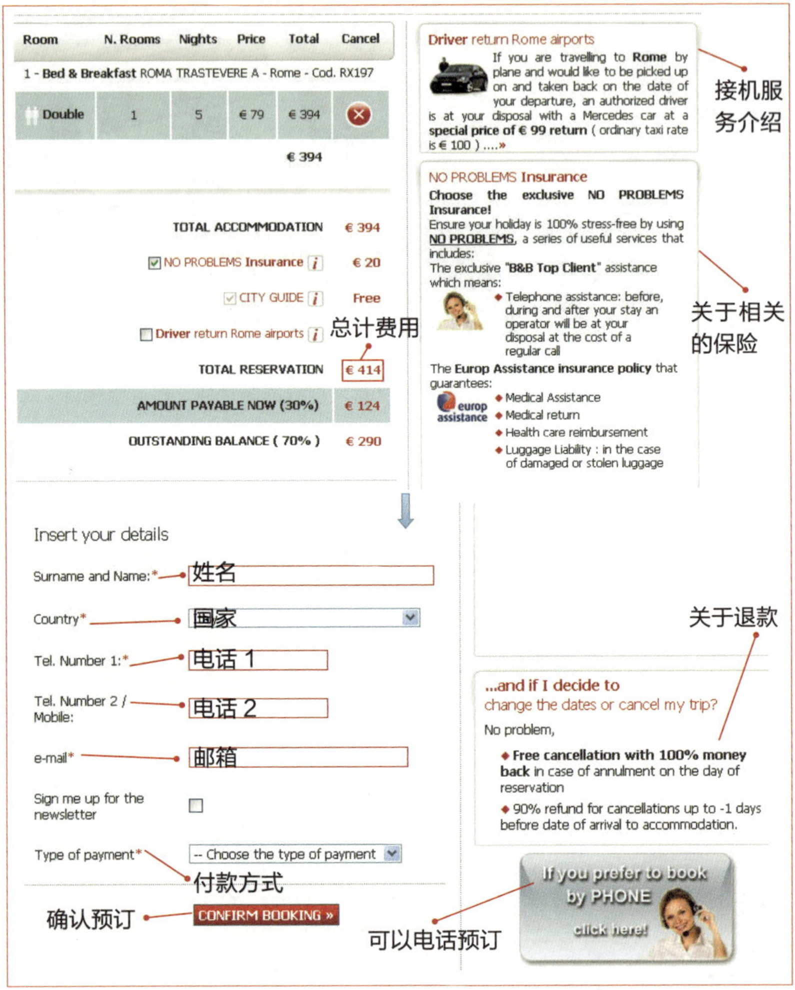

Room	N. Rooms	Nights	Price	Total	Cancel
1 - **Bed & Breakfast** ROMA TRASTEVERE A - Rome - Cod. RX197					
Double	1	5	€ 79	€ 394	❌
				€ 394	

TOTAL ACCOMMODATION	€ 394
☑ NO PROBLEMS Insurance	€ 20
☑ CITY GUIDE	Free
☐ Driver return Rome airports	
TOTAL RESERVATION	€ 414
AMOUNT PAYABLE NOW (30%)	€ 124
OUTSTANDING BALANCE (70%)	€ 290

总计费用

Driver return Rome airports

If you are travelling to **Rome** by plane and would like to be picked up on and taken back on the date of your departure, an authorized driver is at your disposal with a Mercedes car at a **special price of € 99 return** (ordinary taxi rate is € 100) ....»

接机服务介绍

NO PROBLEMS **Insurance**
Choose the exclusive NO PROBLEMS Insurance!
Ensure your holiday is 100% stress-free by using **NO PROBLEMS**, a series of useful services that includes:
The exclusive "**B&B Top Client**" assistance which means:

◆ Telephone assistance: before, during and after your stay an operator will be at your disposal at the cost of a regular call

The **Europ Assistance insurance policy** that guarantees:
◆ Medical Assistance
◆ Medical return
◆ Health care reimbursement
◆ Luggage Liability : in the case of damaged or stolen luggage

关于相关的保险

Insert your details

Surname and Name:* —— 姓名

Country* —— 国家

Tel. Number 1:* —— 电话 1

Tel. Number 2 / Mobile: —— 电话 2

e-mail* —— 邮箱

Sign me up for the newsletter ☐

Type of payment* -- Choose the type of payment --
付款方式

确认预订 —— **CONFIRM BOOKING »**

...and if I decide to change the dates or cancel my trip?

No problem,

◆ **Free cancellation with 100% money back** in case of annulment on the day of reservation

◆ 90% refund for cancellations up to -1 days before date of arrival to accommodation.

关于退款

If you prefer to book by PHONE click here!

可以电话预订

⑥ 核对订单并付款，选择"China"，可出现中文界面，填写相关信息即可完成预订

| 国家或地区 | 中国 |

用银联卡支付，消费更实惠
您无需支付货币转换费
（交易金额的1%到2%）
了解详情

卡号
查看银行和付款限额   输入您的卡号，不要加任何空格或破折号

卡类型   VISA MasterCard DISCOVER （其他） UnionPay

账单信息
姓
名
省或直辖市
市/县/区
地址第1行
地址第2行
（可选）
邮政编码

送货地址   ☑ 与账单地址一致

联系信息
电话   (+86)

tips

在预订完成之后，邮箱会收到相关的预订信息，不要忘了将相关信息打印一份，在办理签证或者酒店入住手续时会用到。

 管家提示

要注意，在意大利住宿场所中不要吸烟；在让住宿场所中的服务人员为你进行额外服务时，需要给他们一些小费。比如为你搬运行李的人、帮你打车的人，都要给他们一些小费。

PART 1 去意大利要做的9件事

NO.4 如何在意大利刷卡

 过来人经验谈

 快乐旅程·男·公司职员·无甚旅行经验

在意大利刷卡很方便,建议在国内将VISA卡开通欧元账户,不然在意大利使用时会收取中转手续费。你也可在建行办理全币种信用卡,支持所有币种交易,这对于旅游者比较实用。

 Potential Stocks·女·设计师·喜欢追求新鲜事物

我一直以为出国旅行应少带些现金,又因为提前看攻略上讲,意大利小偷不少,所以我就把大部分钱存在了银行卡中。可是在佛罗伦萨有很多ATM机竟然不能取现,还好在罗马取了一些现金,为了避免现金不够用,在到达米兰之后,又取了一些现金。

★ 哪些信用卡在意大利能用

意大利使用欧元,最普遍接受的信用卡有VISA卡、银联卡、万事达卡(Master Card)。其中VISA卡和万事达卡在许多银行都可同时办理,中国的中国银行、中国工商银行以及招商银行、中国农业银行、中国建设银行等银行都可办理。

> **tips**
>
> 申请办理国际信用卡,一般需要知道如下信息,有些注意事项可在办卡前先问清楚。
>
> 1. 缴纳一定的保证金,不同银行要求不同;
>
> 2. 证明资料:身份证明(身份证、户口簿等)、工作证明以及收入证明,如想提高信用额度以及发卡成功率,还可提供学历、房产证复印件、汽车行驶证复印件等;
>
> 3. 年费:办理信用卡后需要交年费,一般为 100~300 元,许多银行规定只要每年刷卡购物 6 次以上(达到一定消费金额)即可免年费。

★ 如何在意大利使用信用卡 / 借记卡

通常意大利人都比较喜欢刷卡,所以在当地的商场、商店、专卖店购物时,只要消费金额不是太少,尽量多刷卡。此外,为了吸引中国游客,大型商场及奢侈品旗舰店通常也都可以直接刷国内的银联借记卡。另外,在意大利除了可在商场等消费场所使用 POS 机进行刷卡消费外,还可在自动取款机(Bancomat)上提取欧元现金。

1. 找到取款机

自动取款机上有众多国际联合提款公司的标志，如所携带卡背面的标志可以在上边找到，即可使用该取款机取款

▲自动取款机

操作屏幕
现金出口
收据出口
提款卡插入口

2. 选择语言

可以选择英语。

3. 插卡

4. 选择提款功能

选择"Withdraw"提款功能。

5. 输入密码

界面出现"Key in the secret code and press the confirm key"后，输入密码并按确认键。

6. 选择取款金额

按"Select and amount"，选择提取现金。如果屏幕上未出现你想要的现金金额，可选择"Other amount"，然后输入提款金额。

7. 确认取款金额

确认后，按"Yes"。

8. 打印收据

当出现"Do you want to get receipt"时，按"Yes"即可打印收据。

输入密码
更正
取消
确认

★ 信用卡享受保险

在中国，开通信用卡可享受一些免费保险产品，主要为开卡送保险、积分兑保险、刷卡送保险等形式，目前多数银行的信用卡都附赠航空意外险，额度从 50 万元到 3000 万元不等。但信用卡附赠保险的理赔往往与刷卡消费紧密挂钩，如一些信用卡对于航空意外、旅行便利等保险的理赔前提是必须用该信用卡为本人全额购买机票或花 80% 支付旅游团费。

出险时，持卡人必须在规定时间内及时通过特定的热线电话向保险公司报备，并提供相关证明，如机票及登机牌复印件、损失清单、原始费用单据及身份证明等。除了航意险，其他保险手续复杂，理赔金额一般也不会高。

管家提示

意大利大多数商场、酒店、餐馆都支持刷卡消费，但是意大利的烟草购买场所禁止刷卡，只能付现金。还有一些超市，如 lidl，就不支持信用卡付款，所以在进店消费前最好看看店门口是否贴有 VISA 或 Master 等标志。

用信用卡在境外取当地现金，往往要支付一定手续费。在出国旅行前，最好先向发卡银行确认好跨国取款所要收取的费用。还要将信用卡的海外紧急救援电话记下来，如果信用卡不慎丢失，可在第一时间办理挂失。海外救援电话：VISA 卡（1-3039671090）、银联卡（95516）、Master Card（1-6367227111）。

在输入取款密码时，一定要留意周围，看看是否有可疑的人员、设备是不是正常。在输入密码出现状况时，不要相信陌生人的指示，可以打电话向发卡银行咨询。

NO.5 兑换适量的欧元

过来人经验谈

快乐旅程·男·公司职员·无甚旅行经验

意大利之行，建议带少量现金和一张VISA卡或者万事达卡。关于兑换货币，建议去米兰人民银行（BPM）换。

浅茉儿·女·摄影师·视角独特，善于发现新事物

意大利大多数地方都能刷卡，我和我的同伴带了不到1000欧元的现金，在回来的时候还剩下很多。因为意大利大多数吃饭的地方都能刷卡，所以除了餐费，在一些小店购物或者在一些景点买门票需要的现金没有多少。

★ 支持欧元兑换的机构

中国

在国内兑换欧元，可以到中国工商银行、中国银行等银行柜台直接兑换，无须预约；有的银行可能需要预约，手续较为烦琐，建议提前打电话向客服询问。因为每次兑换货币时银行都会收取一定的手续费，而且汇率也会有所浮动，所以在兑换货币时要考虑清楚。

意大利

需要在国内兑换一定的美元，然后才可在意大利兑换欧元。在各大机场以及银行、外币兑换处（Cambio）均可兑换欧元。在兑换欧元时，兑换处一般会收取兑换金额的1%~2%的费用，因而尽量在国内的银行兑换好欧元现金出境。

tips

机场和货币兑换处的手续费较高,建议到米兰或罗马的中国银行分行进行兑换,每人每次兑换金额不得超过 2000 欧元。在兑换欧元时,有时需要出示护照。在兑换完欧元之后,要当场检查一下,以免出现差错。

★ 坚决不要大额欧元

建议在国内银行兑换合适数额的欧元带出去,但不建议携带过多的欧元。意大利海关允许旅客随身携带不超过 1 万欧元现金出境,而且也没有必要携带那么多现金。通常准备 500 欧元左右的备用现金就足够了。当然,最好还要兑换一部分小面额的欧元,以方便支付小费。

★ 带多少欧元合适

在意大利,旅游消费主要表现在境内交通、饮食、购物、门票等方面,大部分消费都可以用信用卡支付,现金可根据停留时间、人员、消费预算等因素来决定携带数额,现金不宜太多。

饮食:在意大利吃早餐需花费 2~5 欧元,比萨 1~3 欧元/块。午餐需要 20 欧元左右,当然高档餐厅价格更贵。此外,如果付款时发现账单中不包含服务费,则需支付总消费额 10%~15% 的小费。

门票:意大利大多数景点门票价格为 5~20 欧元。

购物:意大利是著名的时尚之都,购物花费因人而异。

小费:意大利有收取小费的习惯,若旅馆、餐厅的账单已含服务费,额外付小费即表示对其服务的赞赏。

意大利付小费标准参考	
类型	小费金额参考
餐馆	需支付总消费额 10%~15% 的小费
酒店	行李员搬行李,每个包裹给 1~2 欧元;每天给打扫房间的人员 1~2 欧元
酒吧	给调酒师总消费额 5% 的小费
出租车	将车费总额提高至欧元整数即可

管家提示

意大利海关允许旅客随身携带不超过 1 万欧元现金(或同等价值其他货币)出境,如超过 1 万欧元的现金,则须向意大利海关申报并填写有关表格,如未申报被查获,将扣留其超过规定数额部分的 40% 的现金,并处以 300 欧元以上、超过规定数额部分的 40% 以下的行政罚款。中国公民应严格遵守上述规定,避免给自己带来不必要的麻烦和经济损失。

NO.6 携带行李有讲究

🏷 过来人经验谈

 Potential Stocks · 女 · 设计师 · 喜欢追求新鲜事物

由于飞往欧洲的航班通常对行李有着比较严格的限制，因而所携带的行李箱不宜过大，通常重量超过23千克，三边尺寸之和大于158厘米会被罚不少钱。欧盟国家的廉价航空通常托运行李还需要收费，在预订机票时要看清楚相关说明，不然机场收费很贵，一般需要30多欧元。我所携带的是28寸的箱子，还带了一个背包，里面放了一些出行必需品，其中包括洗发水、沐浴露、香皂、毛巾、拖鞋等物品（这些生活用品意大利的酒店通常不提供）。

 无畏的旅行者 · 男 · 公司总经理 · 喜欢从旅游中感受生活

出国旅行我比较倾心于轻装上阵，通常一个行李箱、一个背包、一个单反是我出行的标准装备。必要的证件、钱、银行卡是必不可少的，其他都不重要，只要有钱，衣物、装备等都是能在意大利买到的。

 Love Baby · 女 · 时尚辣妈 · 有丰富的亲子游经验

带孩子出国旅行，准备的东西更加的繁复，小电热水壶是我行李箱中的必备物品。开始是为了给孩子冲奶粉方便，后来也逐渐依赖上了在异国他乡能喝上一杯热水的温暖。另外，与小电热水壶配套的电源转换器最好与其放在一起，方便使用。

★ 必备行李

必备行李主要有证件类、衣物类、药品类、通信拍照类、清洁卫生类及护肤品类等。其中，护照、机票和酒店订单、现金（人民币、欧元）、银行卡和信用卡等是最不可或缺的，毕竟衣服、手机等物品在意大利都能很方便购买到。前往意大利旅行，如个人物品较少可以采用1个背包（随身）与1

个行李箱（托运）的搭配，个人物品较多可以采用 1 个背包与 2 个行李箱或者 2 个行李箱（1 大 1 小）与 1 个腰包的搭配。这样既携带较为方便，又能基本满足出行需求。

如果有在意大利购物的打算，不妨携带一个空行李箱前往。可以将自己的行李装在较小的行李箱内，再将小行李箱放在大行李箱内，这样可节省一件托运的行李。或者干脆在意大利购买新的行李箱装自己所购买的物品。回国时候的国际航班多数可以托运两件行李。

★ 备用装备

备用装备包括各种随身物品，旅游时可放在随身包中带出去。这种装备主要包括：相机、手机等电子产品，旅游资料、雨伞、创可贴、防晒霜，笔和纸等。

★ 做个行李备忘录

行李准备清单					
证件类			**衣物类**		
类别	带齐打√	备注	类别	带齐打√	备注
签证			长衣长裤		
护照			T 恤、短裤		
学生证			沙滩衣裤		
青年旅舍会员卡			内衣内裤		
证件照及电子版			外套		
现金及信用卡			鞋		
驾照及公证件			围巾		
行程单			遮阳帽/伞		
笔和纸			太阳镜		
药品类			**护肤品类**		
类别	带齐打√	备注	类别	带齐打√	备注
驱蚊药			防晒霜		
创可贴			洗面奶		
感冒药			爽肤水		
眼药水			润肤乳		
藿香正气丸			眼霜		
诺氟沙星			隔离霜		

续表

行李准备清单					
通信拍照类			清洁卫生类		
类别	带齐打√	备注	类别	带齐打√	备注
手机			毛巾		
相机/DV			牙膏牙刷		
存储卡			梳子		
替换电池			剃须刀		
充电器/充电宝			湿巾/纸巾		
插头转换器			生理用品		
地图			旅行三宝（U形枕、耳塞、眼罩）		
攻略指南					

★ 行李打包窍门

1. 将重要的证件放在手提包内，一来可以方便检查，二来以免行李箱丢失造成不必要的麻烦。

2. 把衣服一件件卷起来塞进行李箱，这样既节省空间又不容易让衣服起皱，想找哪一件也一目了然。此外，可使用不同的收纳袋，将不同类型的物品分类放置，便于查找和使用。

3. 收拾行李时，把鞋子放进浴帽里，浴帽很容易洗干净，还可以防止鞋子把干净的衣服弄脏。

4. 耳机和电源线可以缠在没用的卡片上，用剪刀稍微剪两下卡片就省下了买绕线器的钱。也可以把各种电源线缠好放到旧眼镜盒里，把夹头发的小卡子放到空糖盒里，放在包里随用随拿，还能避免弄丢。

5. 把腰带卷好放到衬衫的领子里，既可以撑起衬衫的领子又能保证腰带不弯折、不乱跑。

6. 如果去海边的话，把手机放到密封的塑料袋里。

7. 扫描并复印自己的护照、身份证，扫描文件发到自己邮箱里。复印数份，分别放在行李箱和背包中，并可另外留给信任的人一份。如果这些证件不幸丢失或被偷的话，至少还能用复印件来证明自己的身份。

8. 在瓶身和盖子之间加一层保鲜膜，保证不会有液体漏出来。

9. 少量的化妆品，可以放到旧隐形眼镜盒里随身携带。

10. 飞机上没有高端的小电视，可以把手机/iPad 装进方便袋之后随便挂在哪里就 OK 了。

11. 要注意托运行李要使用海关锁。海关会抽查托运行李，如果不是海关锁，箱子很可能会因被撬开而损坏。

行李打包流程

1 所需物品放一起
将所有需要打包的物品放在一起，可方便整理，还能避免打包结束后又要拆包放置被遗忘的物品。

2 摆放物品有先后
行李箱内物品应按照衣服在底，其他物品在上，垂直应为上轻下重的顺序摆放。背包内一般放置证件、充电器、洗漱包等常用的物品。

3 掌握技巧能多装
合理利用包内的空间能够装进更多的东西，将衣服卷起来，杯子里放上毛巾，在打包后将袜子或丝巾等物品卷成卷放入有空隙的角落等都是不错的打包技巧。

4 打包带必不可少
前往意大利的航班航行时间较长，一根打包带能使行李箱多一份安全保障。

5 巧用胶带防被偷
在打包结束后可以在行李箱边缘或行李箱锁口贴上一小条胶带，这样如果有人对行李箱做过手脚就能很容易被看出来。

6 明显标记不拿错
将自己的行李箱做上特殊的标记，这样在机场领取行李时，能更快地找到自己的行李，也以免被他人拿错。

 管家提示
在上飞机之前，检查自己的行李中有没有携带有液体的东西，如饮用水、化妆品等，最好将它们放在一起，以便于检查。此外，关于出入境行李携带的规定可能会有所更改，在出发之前，尽量在相关网站上确定一下。

NO.7 做好通信准备

过来人经验谈

相约在路上·男·自由职业者·热爱旅游，旅游经验丰富

意大利主要有TIM、WIND和Vodafone这三家通信公司，其中TIM资费较高，但信号最好；在意大利市中心分布着很多TIM和WIND营业厅，而Vodafone的营业厅比较少，同时手机信号也不好，所以不建议使用。

Potential Stocks·女·设计师·喜欢追求新鲜事物

在出发前，我对比了3G手机卡和移动Wi-Fi两种上网产品，其中3G手机卡可拨打电话以及3G上网，有时间和流量限制，只可一人使用；移动Wi-Fi不能打电话，但最多可供5台设备同时上网。在比较了实用性之后，我选择了移动Wi-Fi，经过实践证明网速一般。还听朋友说意大利的TIM卡不错，不过我没有用，大家可以在淘宝网上看看。

浅茉儿·女·摄影师·视角独特，善于发现新事物

意大利免费Wi-Fi很少，因为我是一个典型的微博控，所以我花了30欧元在当地办了张WIND手机卡，可以不限时上网，速度还行。其实后来才发现，一天的时间都在赶路中度过，很少有时间玩微博，到了晚上回到酒店又有无线网络，所以没有用很多。

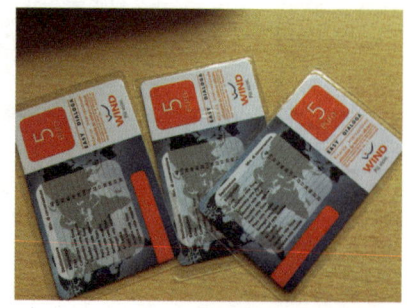

★ 方便快捷的国际漫游

移动用户

移动用户开通意大利国际漫游资费情况：

资费信息（意大利）								
运营商	拨中国内地	漫游地接听	拨漫游地	拨其他国家和地区（不含特定国家和地区）	发短信回中国内地	发短信至其他国家和地区	收短信	数据流量	4G漫游
	元/分钟				元/条				
TIM、WIND、Vodafone	2.99	1.99	0.99	3.0	0.39	1.29	免费	9元包3M	前者支持，后两者不支持

移动用户开通方式：

- 登录移动官网（www.10086.cn）→ 选"业务办理"（话费查询、流量查询、资费专区、积分兑换、优惠促销、业务办理）→ 在"业务办理"菜单下选"国际业务"中的"国际及港澳台漫游" → 根据提示办理国际漫游业务

- 短信：
  - 国际及港澳台漫游 → 开通：KTGM / 取消：GBGM → 发送指令至10086
  - 短期国际及港澳台漫游 → 开通：KTDQGM / 取消：QXDQGM → 发送指令至10086

- 营业厅：
  - 国际及港澳台漫游
    - 个人客户：持本人有效身份证件原件或高级客户服务密码办理；代办时，代办人需持双方有效身份证件原件或高级客户服务密码
    - 单位客户：持单位正规介绍信及经办人有效身份证件原件（或高级客户服务密码）办理
  - 短期国际及港澳台漫游
    - 实名制个人客户：凭机主本人有效身份证件原件或高级客户服务密码办理。代办时，需持双方有效身份证件原件办理；非实名制客户需凭客服密码办理
    - 单位客户：经办人持单位正规介绍信及经办人有效身份证件原件或提供单位名称和高级客户服务密码办理

PART 1 去意大利要做的9件事

> **tips**
>
> 满足免预存/免账户余额等条件的客户，可以通过短信方式办理。当月办理，当月生效。每月最后一天无法通过网站办理，最后一天19:00后无法在营业厅或通过短信渠道办理。

联通用户

联通用户开通意大利国际漫游资费情况：

资费信息（意大利）					
运营商名称	拨打漫游地（元/分钟）	拨打中国大陆（不含台港澳）（元/分钟）	漫游地接听（元/分钟）	发短信回中国大陆（不含台港澳）(元/条)	数据漫游（元/KB）
TIM、WIND、H3G SPA（WCDMA）、Vodafone	1.86	2.86	1.86	0.86	0.01

电信用户

中国电信根据漫游地网络制式不同为用户提供CDMA国际漫游（简称"CtoC漫游"）和GSM（包含WCDMA）国际漫游（简称"CtoG漫游"）。若想开通CtoG漫游，需办理天翼国际卡。办理国际漫游需携带有效身份证原件到营业厅办理，普通用户需要交纳500元押金，如果是天翼钻石卡、金卡用户，可通过拨打中国电信客户服务热线10000直接开通。

> **tips**
>
> 电信用户开通国际漫游的同时会自动关闭国内漫游，如果在出境前开通，则在出境前是无法使用国内漫游的，建议大家在出境之前或者确认不使用国内漫游时再开通国际漫游，回来时记得关闭这项业务。

★ 省钱的电话卡

意大利的手机使用的是GSM900/1800频段，兼容大多数新型智能手机。在前去旅行之前，可先向手机供应商了解手机兼容性。如果手机不兼容，可以在当地购买廉价的无契约（预付）手机，它自带一个本地号码以及设定数值的通话时间，可根据需要再续时。意大利主要的电话服务供应商为TIM、WIND、Vodafone。此外还有TRE，不过信号比较差。可以通过淘宝网和各大运营商的官方网站购买电话卡。

意大利旅游手机电话卡推荐		
种类	信息	网址
意大利 TIM 手机卡	欧洲最大的移动运营商之一,也是意大利最大的电信移动公司,信号较强,且覆盖面广	www.telecomitalia.com/tit/it.html
意大利 Vodafone 手机卡	跨国性的移动电话营运商,全程 3G 高速带宽接入,全意大利人口居住地区信号覆盖率达 95% 以上	www.vodafone.it
意大利 WIND 手机卡	意大利主要的通信公司之一,信号不错,但是不如 TIM 信号强,不过可供选择的套餐有很多种,且资费便宜	www.wind.it
意大利 TRE 手机卡	价格相对便宜,但是信号覆盖率很低	www.tre.it

★ 教亲人如何与你联系

国内亲人与国外亲人联系,可通过打电话及发短信两种主要方式,发短信费用比打电话便宜。亲人之间也可以提前上网或用智能手机下载微信 /QQ、Whats App、MSN、Skype 等软件,可免费发短信、视频等,非常方便。

打电话

从中国(不含港澳台地区)打电话到意大利的方法:国际冠码(00)+ 国家代码(39)+ 区号(区号都不去 0)+ 电话号码

发短信

从中国(不含港澳台地区)发短信到意大利的方法:国际冠码(00)+ 国家代码(39)+ 手机号码

微信 /QQ

提前在手机上下载并安装微信或 QQ,互相加为好友。在意大利,用手机上网非常方便,酒店、大型购物商场等一般都有免费 Wi-Fi。也可以在国内开通相应的流量功能。

Whats App

Whats App 是一款类似于微信、QQ 的应用,可以发信息、语音等。若处于信号极差的地区,Whats App 可以畅通无阻地发送短信,而微信则无法发送。

 管家提示

如果在意大利打电话较少,也无须上网,那么直接在国内开通国际漫游即可。不过国际漫游费用通常较高,建议在出国前打电话给中国移动或中国联通,关闭网络功能;如果拨打电话较多,并且需要使用网络,停留时间超过 1 周,则建议购买当地卡。

NO.8 买份旅行保险

TRAVEL INSURANCE

过来人经验谈

 快乐旅程·男·公司职员·无甚旅行经验

办理申根签证时需要准备欧盟承认的保险单,经过比较,我选择了美亚"万国游踪"境外旅行保障计划。该保险的各方面保障比较全面,尤其是财产丢失和紧急救援等,都是我比较看重的。

 Love Baby·女·时尚辣妈·有丰富的亲子游经验

前往意大利旅游需要购买保险,保险期限须覆盖整个行程日期,至少出发前两天开始生效,旅程结束后两天也得有效。各保险公司保险种类众多,价格也各不相同,我们买了平安保险,88元/人。

★ 哪些保险公司靠谱

意大利的医疗费用比较贵,去意大利前买份旅行境外保险很有必要。在国内,可以选择向中国平安、中国人保财险、太平洋人寿保险等靠谱的保险公司投保,保险项目可到保险公司或其官网上购买,手续简单,不需要另外体检。

保险公司网站信息		
保险公司	网站	有关险种
中国人寿保险公司	www.e-chinalife.com	出境保险等
中国平安人寿保险公司	www.4008000000.com	境外旅游保险-全球等

续表

保险公司	网站	有关险种
中国太平洋人寿保险公司	www.ecpic.com.cn	境外旅行综合及紧急救援保险等
太平人寿保险公司	www.cntaiping.com	太平悠长假期旅行意外保障等
泰康人寿保险公司	www.taikang.com	泰康e顺签证宝旅行保障计划等

★ 花小钱换大保障

境外旅行保险一般包括意外险、医疗险等,有的还附加境外个人旅行不便保险、境外旅行法律责任险等项目。花点小钱办理境外旅游保险,可以换个大保障。

境外旅行保险信息		
名称	范围	网址
平安"畅行天下"境外旅行保险(全球行基础计划)	意外身故/残疾/烧烫伤、意外伤害医疗、紧急医疗救援、航班延误、行李延误、行李票证损失保障、旅行期间家财保险等	www.4008000000.com
中国人民保险全球旅游保险(e-四海逍遥游保险)	上门急诊及住院医疗费用补偿、行李和随身物品丢失赔偿、托运行李丢失赔偿、意外身故和残疾给付等	www.epicc.com.cn
太平洋人寿保险公司"乐游人生"境外旅行救援保险(尊贵版)	境外意外伤害保险责任、境外住院医疗保险责任、境外紧急救援保险责任、附加境外个人旅行不便保险、附加境外旅行法律责任保险等	www.ecpic.com.cn
泰康e顺签证宝旅行保障计划	旅行意外伤害身故/残疾/烧伤保险金等	www.taikang.com
安联国际旅行保险尊悦计划	公共交通意外伤害保障、自驾车意外伤害、旅行紧急医疗运送和送返、随行者随身财产、旅程延误、未成年人送返费用补偿等	www.hzins.com
美亚"万国游踪"境外旅行保障计划	个人意外伤害和医疗保障、紧急救援、旅程阻碍保障、个人财物保障、旅行绑架及非法拘禁等	www.aig.com.cn

管家提示

想要办理申根签证,须拥有申根保险,所以在前往意大利旅行之前,须上一份保险。保险所涵盖的内容有所不同,要注意一定要包括急救费用和生病需返送回国的费用。购买保险后,建议随身带急难救助电话和保单编号(有的保险公司会发给一张小的保险卡),一旦发生事故就能在第一时间通知保险公司,获得救助。正式保单则可以在出行前交给亲友保管。

NO.9 提前下载APP

> 过来人经验谈

 Potential Stocks·女·设计师·喜欢追求新鲜事物

奥维互动地图和TripAdvisor是我出行的必备软件。说实话我比较"路痴",所以在外国旅行最怕迷路,奥维互动地图可以进行离线定位,还能保存标志性景点,如果有网络,还能导航,给我带来了很大便利。著名的TripAdvisor,中文名为猫途鹰,我主要在上边查看推荐的餐馆,把想要前往的餐馆截图保存起来,以便到了当地之后进行查找。

 无畏的旅行者·男·公司总经理·喜欢从旅游中感受生活

推荐穷游APP,里面有详细的旅游攻略,你可将所要前往城市的攻略下载一份,以便到了当地游玩时查看。

穷游 APP 二维码

 Love Baby·女·时尚辣妈·有丰富的亲子游经验

关注天气的话,我推荐一个叫Weatherzone的天气预报APP,感觉这个软件预报的天气很准。还要推荐一个TripAdvisor APP,这相当于我们中国的大众点评网,从里面找餐馆很方便。此外,TRS(Tax Refund Scheme)为官方退税APP,里面有关于退税政策、退税方法的详尽介绍,可以下载一个。

★ Google 地图、翻译

Google 地图、翻译是一个实用的地图软件，支持手机 IOS 系统、Android 系统及 Windows Phone 平台，能帮助你在意大利快速找到你要到达的目的地，包括最符合你要求的路线。在手机应用商店搜索"谷歌地图"，即可下载。

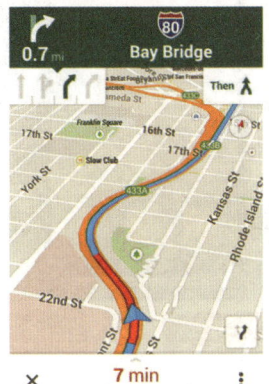
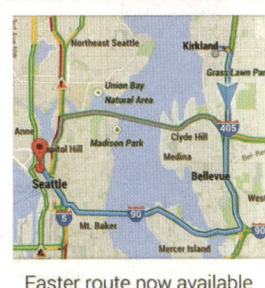

★ 奥维互动地图

该软件支持 Google 地图、百度地图、搜狗地图，并可在这几种地图间自由切换，了解更详尽的信息。该软件还拥有详细的信息查询功能，并可直接对搜索出的线路进行语音导航，还可同时显示好友的位置。

★ 离线地图 MAPS.ME

这是一款可在任何地点和任何时间离线查找世界上所有国家的地图的软件，可帮助你随时了解所在位置以及如何找到附近的餐厅与景点。

★ 有道词典

　　有道词典离线版中内置有巨大词汇库、例句库，可在离线状态下查阅相关例句。比如在意大利餐馆中看菜单时，如果搞不懂各种食物的名字，可以使用它。

★ 猫途鹰

　　猫途鹰是一个提供酒店比价和折扣、景点、美食点评、旅游攻略的旅游综合平台，软件适用于iPhone、iPad、Android 等平台。

★ ProntoTreno

　　这是意大利国铁 Trenitalia 开发的免费 APP，支持安卓手机下载。在上边可以随时查到火车的时刻表和运行状态，还可以实时订票。此外，该软件同时提供意大利语和英语，使用起来比较方便。

★ 赴意大利旅行指南 Habitour

赴意大利旅行服务指南 Habitour 系统在意大利大使馆发布，还为 2015 意大利米兰备受瞩目的 #FSHOW 提供多方位的旅行服务。可为你解决一些基本的旅行问题，如语言障碍、错过必看景点等。

★ 订房看 Booking

Booking 是一款订房软件，适用于 iPhone、iPad、Android 等系统，在手机应用商店搜索关键词"Booking"，即可下载。

管家提示

提前下载与意大利旅游相关的 APP，可进一步了解意大利，并获得相应的实惠。下载相应的 APP，能迅速解决衣食住行、吃喝玩乐的疑惑，自由自在遨游意大利，享受最地道的意大利风味。

PART 1　去意大利要做的 9 件事

Part 2

4大步骤详解出入境

NO.1 出境别大意

过来人经验谈

Love Baby · 女 · 时尚辣妈 · 有丰富的亲子游经验

此次前往意大利,是我们一家四口出行,在办登机手续的时候,排队的人不算多,大概半小时就办好了。托运完行李,经过一系列的检查,到达候机厅时还有将近1.5小时才能登机。由于没吃晚餐,在机场内的餐厅吃了一顿。

浅茉儿 · 女 · 摄影师 · 视角独特,善于发现新事物

出发前逐一检查了护照、信用卡、机票及酒店订单等,并提前3小时到达首都国际机场。当天出境的人不是很多,办理登机牌的队伍并不是很长,托运完行李整个人就更轻松了。经过一系列的检查,到达候机厅时还有将近1.5小时才能登机,为了打发时间,我连接了机场的免费Wi-Fi上网,安心等待登机。

★ **为何提早去机场**

国际出发的旅客,要经过一系列安全检查,且一般国际航班提前1个小时就不办理登机牌,为确保顺利登机,建议最晚在航班起飞前2.5~3小时到达相应航站楼。

办理登机手续 → 托运行李 → 检验检疫 → 边防检查 → 安全检查 → 海关检查 → 候机及登机

▲ 国际出发流程图

1 办理登机手续及托运行李

办理登机手续前，先确认是否携带有向海关申报的物品。如有，填写《中华人民共和国海关进出境旅客行李物品申报单》，并在海关申报柜台办理申报手续。如有需要，也可以办理行李托运，办完后拿登机牌。

2 检验检疫

如果是出国一年以上的中国籍旅客，建议到检验检疫部门进行体检，以获取有效的健康证明。如果出行目的地恰好是某一疫区，应进行必要的免疫预防疫苗接种。

3 边防检查

出示有效的身份证件、签证。如持有有关部门签发的出国证明的，应及时出示。

4 安全检查

提前准备好登机牌、机票和有效身份证件，交给安全检查员查验。旅客须从安全检测门通过，随身行李物品须经 X 光机检查。

5 海关检查

如果携带有需向海关申报的物品，须填写物品申报单，选择"申报通道"（又称"红色通道"）通关；如果没有，无须填写《申报单》，选择"无申报通道"（又称"绿色通道"）通关。

6 候机及登机

经过安全检查以后，可以根据登机牌标示的登机口到相应候机区休息候机。正常情况下，航班起飞前至少 30 分钟开始登机，可留意广播提示及航班信息显示。

管家提示

从中国前往意大利的时间较长，为了在飞机上可以坐得舒适些，座位可以选择走道（Aisle Seat）和靠窗（Window Seat）的位子。由于飞机上空间较小，还有过日界线调整时差等问题，建议在飞机上穿比较宽松舒适的衣服，换上机舱提供的拖鞋，多喝水，还可以带一些天然的助眠药品。飞机上还会提供毛毯、眼罩、枕头、报纸、杂志等。

NO.2 入境别慌张

> **过来人经验谈**

快乐旅程·男·公司职员·无甚旅行经验

  总的来说，入境意大利比较简单，没有复杂的程序，也不用填写入境表，到达机场后跟着队伍走便可到达入境处。意大利的入境检查人员仿佛对我很放心，没有问什么问题，也没有查看我的行程单，直接看我一眼就盖章让通过了。

Potential Stocks·女·设计师·喜欢追求新鲜事物

  让我感到开心的是，机场里有免费的Wi-Fi，我在排队的时候，用微信给家人报了个平安，因为有了网络，感觉到这次旅行有了一个不错的开始。

相约在路上·男·自由职业者·热爱旅游，旅游经验丰富

  为了预防生病，我带了一些药品，本来想申报一下，可是飞机落地后就直接进入意大利海关，入境处的工作人员没有检查就直接在签证上盖章了，完全没有新西兰或者澳大利亚等国家的海关那样要求苛刻，真让我有些受宠若惊。取了行李之后直接走人就行了，那一次我真的感受到了意大利的美好。

```
出发前，取得有效  →  抵达后前往入境  →  在行李传送带
的旅行证件            大厅接受检查        领取托运行李
                                              ↓
通过海关和边防检查  ←  前往海关      ←   等候行李
        ↓
离开机场或转机
```

▲入境检查流程图

★ 边检过关不要紧张

进入机场后，可按照 Uscita/Way Out 标示走，然后可到达入境检查处。入境检查处分为欧盟国家处（EU Nationals）和其他国家（Non EU Nationals）两处，非欧盟国家公民需从出口排队，需准备好护照、签证以及其他相关证件（行程单、单子机票打印单、住宿预订单）以备检查。

★ 行李领取不出错

领取行李

入境检查结束后，可按照"Ritiro bagagli（Baggage claim）"标示走，然后到相应位置领取托运行李。依电脑屏幕或告示找到所乘航班班次的行李传送台。从转盘上取下自己的行李，仔细核对行李号码，不要拿错行李。附近一般都有行李手推车，如果行李多的话，可花费几欧元使用之后前往海关检查。

行李遗失

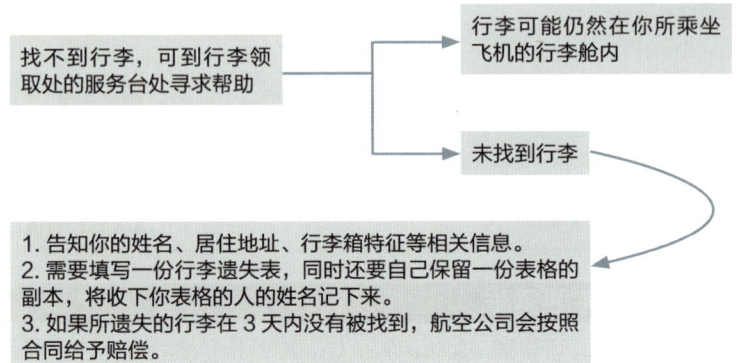

tips

各机场行李服务处信息：

罗马菲乌米奇诺（Fiumicino）机场：电话06-659525660，服务时间8:00~20:00；

罗马洽米皮诺（Ciampino）机场：电话06-65959225。

米兰马尔彭萨（Malpensa）机场：第一航站楼电话02-58580070，第二航站楼电话02-748542；

米兰利纳特（Linate）机场：电话02-232323。

★ **海关检查不左顾右盼**

可选最短一行排队受检，不要左顾右盼，也不要临时换行，以免被当成形迹可疑的人而遭受仔细盘查。看好自己的行李，既不要少也不要多，不要帮任何人带行李过海关。

检查行李时要递上相关证件，有可能会再次被问到有没有携带违禁物品等问题，如实回答即可。如海关要求开箱检查，立刻打开，不要迟疑。如果验关人员示意通过，立刻提行李离开。开箱检查一般是抽查，可能几个人里面抽一个，有食品的可能全抽。如果行李中有任何禁带物品被发现，当场会被没收。

★ **注意申报问题**

在意大利入境不需要填写入境卡，同时大多数情况下也不用申报。如果需要申报，在海关检查时，需走红色通道"Oggetti da dichiarare"，如无申报物，则可走绿色通道"Niente da dichiarare"。申报表可以在抵达机场后到入境审查的大厅里拿。

> **tips**
>
> 在意大利入境时，如果所携带现金超额或者是携带了贵重物品，则须向海关申报。同时，超出的部分还需依法缴纳关税。如未申报，会被处以罚款或没收处理。

入境所携带物品的相关信息

可免税携带物品	烟草类	香烟 200 支、卷烟（每支重量不超过 3 克的雪茄）100 支、雪茄 50 支、烟草 250 克，可携带这四种中的一种
	酒精饮料类	超过 22 度的蒸馏、酒精饮料或纯度超过 80% 的非变性酒精 1 升；等于或小于 22 度的蒸馏或酒精饮料、开胃葡萄酒、香槟、烈性葡萄酒 2 升以及低度葡萄酒 2 升，可携带这两项中的一项
	香水类	香水 50 克、清新剂 250 毫升
	咖啡类	咖啡 500 克或者是咖啡精（或浓缩咖啡）200 克
	茶类	茶叶 100 克或茶精 40 克
不准携带的物品		肉类、腌制类等意大利方认为可能危害当地民众安全的食品以及易燃易爆危险品；所携带行李中不能有剪刀、水果刀、尖锐金属等
需要申报的物品		所携现金超过 1 万欧元，或者是商品价值超过 300 欧元（经海路或空运为 430 欧元，15 岁以下儿童为 150 欧元）
受限制的商品		可以携带旅行必备药品，但要适量，还须携带医生诊断证明、处方、药品使用说明等

★ 离开机场

顺利出关后，如果时间充足，可以先到机场问询处或旅游服务处看看，获取免费的市区地图、城市信息、火车或公交车时刻表等；也可以直接乘车离开机场。

★ 不可不知的转机常识

若选择需转机的航班，建议转机时间安排在 3 个小时以上。在柜台办理登机手续时，可选择"行李直挂（Luggage Check Through）"。

意大利境外转机

如果是在俄罗斯、法国、阿联酋等国的境外国际机场转机，不用出关，也不用取托运行李，只需在机场内的限定区域停留，行李自动托运到下一趟航班。

> **tips**
>
> 应随身携带护照和相关的证件，以备转机时海关检查。
> 1. 如转机前往非申根国家，只需准备进入目的国所需材料，如邀请函、签证等即可。

2. 如果是转机前往申根国家，则需提前办理申根签证或过境签证。

3. 如转机前往免签国家（含非申根免签国），应携带相关的免签协议，以免意方因对协议内容不熟悉而影响行程。

意大利境内转机

在境内转机的话，需要在下飞机后再次确认登机口，你的行李会直接托运到那里。不过如果你没有买中转联程机票，则需将行李重新托运。

★ 打电话与国内亲人联系

从意大利打电话到中国

拨打中国国内座机：00（意大利国际冠码）+86（中国国家代码）+ 区号（前面的 0 去掉）+ 座机号码

拨打中国国内手机：00（意大利国际冠码）+86（中国国家代码）+ 手机号码

意大利国内电话互打

在意大利本地，即便你使用的是意大利的手机卡或固定电话，拨打意大利普通固定电话，也必须加拨区号。例如在罗马市区要打电话到罗马市区，仍要拨打区域号码"06"。

tips

打电话费用最低的时间段在周日 23:00 至次日 6:00，免费电话（Numeri Verdi）的开头为 800。

1 使用网络电话

可以使用 MSN、Yahoo Messenger、Skype 或其他网络电话免费在网络上通话。出国前，可先申请账号，如对方无上网习惯，可先购买 Skype 等网络电话使用点数，再到意大利的上网中心拨打网络电话即可。

2 在当地购买电话卡

如果没有提前在国内办好相应的电话卡套餐，可在意大利当地的邮局、烟草店或者报摊购买。在火车站或者是小店外，发现 Tabacchi（烟草）标志，那就表示可以购买电话卡。

3 使用公共电话

在当地除了使用手机外，还可以用分布广泛的公共电话，使用时需要投入硬币或者插入电话卡，可投放的硬币金额为 10 欧分、20 欧分、50 欧分、1 欧元以及 2 欧元，拨打一次电话至少需要投币 20 欧分。不过有很多公共电话不接受投币，或者投币后无法正常使用，建议使用电话卡。

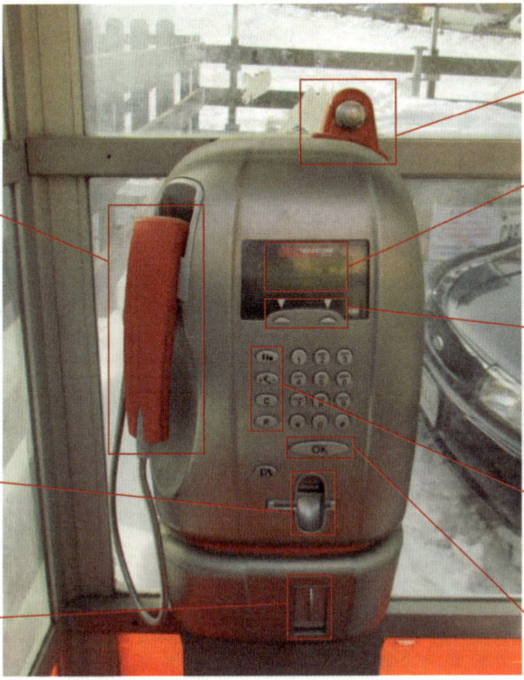

公共电话示意图：
- 话筒
- 插卡处
- 退币口
- 投币口
- 屏幕显示
- 选择键，可选择发短信、传真、上网
- 选择语言 / 调整音量大小 / 取消 / 拨新的号码
- 确认键

▲公共电话示意图

★ 如何适应意大利时差

中国北京所在时区是东八区，意大利罗马为东一区，在平时意大利当地时间比北京晚 7 个小时，夏令时（3 月最后一个周日到 10 月最后一个周日）期间当地时间拨快 1 个小时，比北京时间晚 6 个小时。

北京与意大利时差对比						
名称	平时			夏令时		
北京	8:00	12:00	18:00	8:00	12:00	18:00
意大利	1:00	5:00	11:00	2:00	6:00	12:00

管家提示

根据国际惯例，边境检查部门有权审查入境旅客，如拒绝其入境不需说明理由。如果在入境意大利时受阻，可向边境检查人员如实说明入境或过境理由，并了解受阻原因。如语言不通，可要求对方提供翻译。如果感觉受到了不公正对待，可要求与中国驻意大利使领馆联系，并要注意收集和保存好证据。另外，尽量不要在看不懂的文书上签字。

NO.3 从机场前往市区

过来人经验谈

相约在路上·男·自由职业者·热爱旅游，旅游经验丰富

入境后，我直接拿行李找到了机场巴士站，花了5欧元到达罗马市区的Termini火车站。出了机场一直往前走就能找到机场巴士站，当时途中有人问我要不要乘坐直接到酒店的巴士，10欧元，我没有坐，因为我预订的酒店根本没有接机服务。

浅茉儿·女·摄影师·视角独特，善于发现新事物

从罗马菲乌米奇诺机场前往市区有很多种方法，乘坐火车比较贵，所以我们乘坐了比较便宜的机场巴士，单程5欧元，往返8欧元。也可以提前在网上预订机场巴士票，网上预订会便宜一些，不过我们当时是从售票处购买的。

★ 乘车前往

罗马菲乌米奇诺机场

大部分国际航班均在该机场降落，每个航站楼都设有咨询中心。

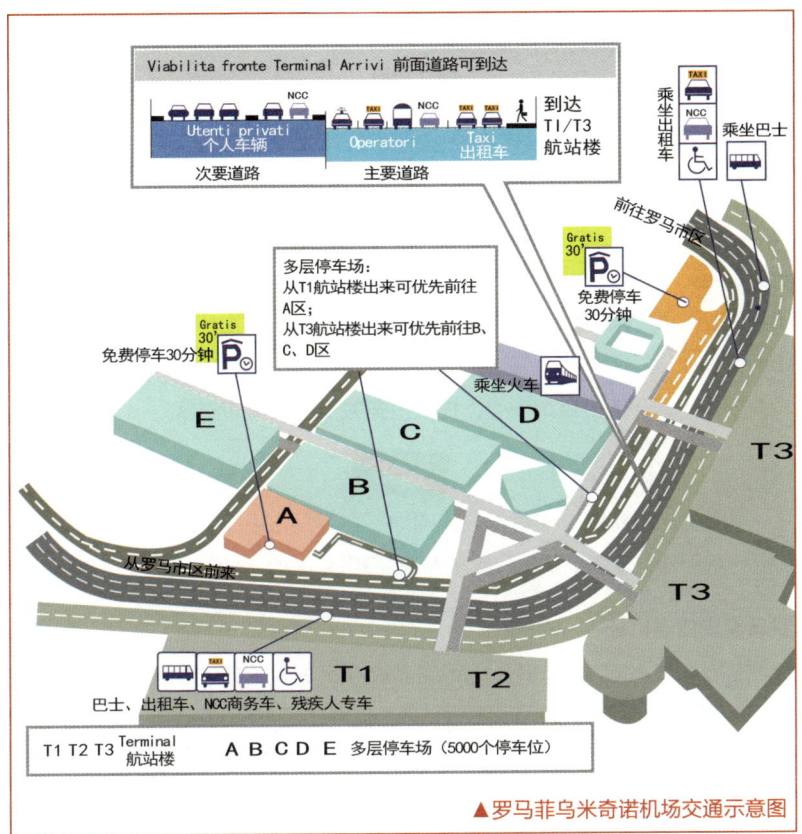

▲罗马菲乌米奇诺机场交通示意图

火车：意大利铁路公司 Trenitalia 开设了两条线路，连接机场和市区。

线路	运行信息	时间/票价
Leonardo Express 线	直接到达 Termini 中央火车站	全程约需 30 分钟，票价为 14 欧元
FM1 线	终点站为 Orte Fara Sabina，在罗马多个重要火车站（Tiburtina、Ostiense、Trastevere）及周边地区停靠	全程需要 25~40 分钟，票价为 8 欧元

巴士：从机场前往罗马市区的巴士主要为 Terravision 机场巴士和 Cotral 夜间巴士。

线路	运行信息	网址
Terravision 机场巴士	可前往罗马市区的 Termini 中央火车站，票价为 4 ~ 7 欧元，车程 70 分钟，每 2 小时 1 班车	www.terravision.it

续表

线路	运行信息	网址
Cotral 夜间巴士	从罗马 Tiburtina 火车站出发，经停罗马国家博物馆前面的 Piazza dei Cinquecento 广场，全程 1 小时。这种巴士还运行从地铁 A 线 Cornelia 站和 B 线 Eur-Magliana 站前往机场的巴士线路	www.cotralspa.it

出租车：机场的 T1、T2、T3、T5 航站楼出口均提供出租车服务，前往市中心约需 45 欧元，包含行李费，每车最多可坐 4 人。在 T3 航站楼的到达区，设有罗马市政厅旅游咨询中心，提供很多关于出租车的信息。

tips

乘坐出租车时，如果你的目的地不在罗马市中心，除了计价器上显示的费用外，还需要支付一定的行李费用。

罗马洽米皮诺机场

从欧洲飞来的航班（Ryanair 或 Easy Jet）大多在这里停靠。

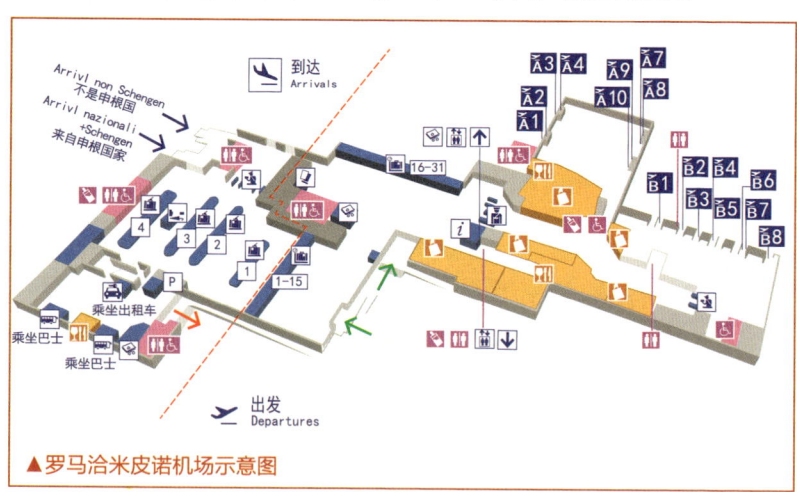

▲罗马洽米皮诺机场示意图

出租车：从航站楼到达楼层出口处可以乘坐前往罗马市区的出租车，约需 30 欧元。

巴士：该机场有多条巴士线路前往市区，其中 Terravision 机场巴士可前往罗马 Termini 火车站。此外，还有 Atral（www.atral-lazio.com）、Cotral（www.cotralspa.it）、Sit（www.sitbusshuttle.it）等公司运营的巴士。

米兰马尔彭萨机场

- ① Short-stay Parking 短时间停车
- ② Long-stay Parking 长时间停车
- ③ Taxi rank 出租车位
- ④ Bus station 巴士站
- ⑤ Train station 火车站
- ⑥ Hotel 酒店
- ⑦ Car hire 汽车租赁

▲米兰马尔彭萨机场交通示意图

机场快车：可乘坐机场快车（Malpensa Shuttle）前往 Cadorna 火车站前的 Luigi di Savoia 广场，运营时间为 5:00 ~ 22:30，10 欧元。

Malpensa 特快列车：从机场至 Stazione Nord，单程票价 11 欧元，车程 40 分钟，每半小时 1 班。

机场巴士：可在 T1 航站楼 6 号出口乘坐机场巴士前往米兰中央火车站，然后从火车站乘坐火车前往市中心各个地方都很方便。

出租车：从机场乘出租车到米兰市区，需要 70 欧元，在交通高峰期，费用会更高一些。

米兰利纳特机场

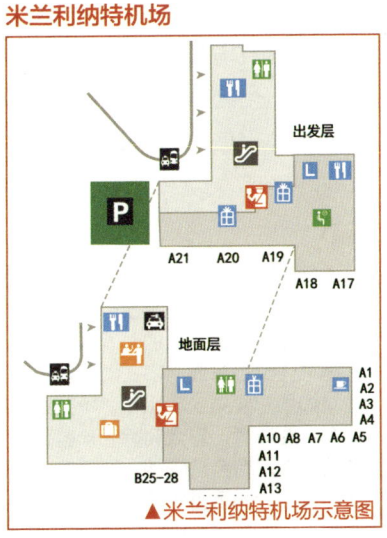

▲米兰利纳特机场示意图

▲米兰利纳特机场标志

机场巴士：从机场开往米兰 Luigi di Savoia 广场上的 Autostradale 站，车票单程为 3 欧元，车程 25 分钟，车票可上车后购买，由司机出售。

公交车：可乘坐 73 路公交车，前往市区的 San Babila 站，约 10 分钟 1 班车。票价为 1.5 欧元。

出租车：从这里乘坐出租车前往市中心，车费为 12～20 欧元，夜间会稍贵些。

★ 提车自驾前往市区

很多租车公司都在机场出口和到达大厅设有柜台，帮助乘客完成租车手续，之后到机场的停车场提车就可以开车离开。也有一些租车公司会把门市部设在机场附近，出海关后依据"Rental Car"的标志就能找到免费穿梭巴士站，基本上每家租车公司都有穿梭巴士，可以送乘客到办理柜台。相对而言，Hertz 或 Avis 公司的巴士数量较多。

管家提示

如果选择从机场乘坐公共交通工具前往市区，要注意看航班抵达目的地的时间。如果航班抵达的时间太晚，很多公共交通工具可能已经停止运营，可以考虑乘坐出租车或提前在网上预约车。

如果想要乘坐出租车，不要试图在街道上招手拦出租车，这样很难打到出租车。要注意，意大利除了一些正规的"白车"外，还有一部分"黑车"，所谓的黑车没有合法证件，属于非法经营，多活跃在火车站、机场等地，会主动上前拉客，为了避免被骗，尽量不要上这样的车。

NO.4 安全离境那些事

PART 2 — 4大步骤详解出入境

过来人经验谈

 浅茉儿·女·摄影师·视角独特，善于发现新事物

安检过后，我们快速退完税，然后海关人员在我们的护照上盖了出境章，朋友打趣说："我们这算是真正要离开意大利啦！"

★ 办理离境手续

到达机场后，找到自己候机的航厦，找到check-in柜台办理登机手续及托运行李，注意要退税的物品和贵重物品需要随身携带。然后前往登机口，由海关人员检查随身行李和护照、签证等证件，之后依次前往登机处候机。在通过海关后，可以前往退税海关和退税柜台办理退税。

★ 离境检查

机场人员可能会要求检查你的行李或询问与所带行李物品相关的问题，有时还会要求你打开行李箱检查，或要求检查你携带的电器和电子产品。

 管家提示

在想要离开意大利之前，要提前确认好到达机场的交通方式，并最好在距飞机起飞2小时前到达机场，以便保证在飞机起飞前半小时到达机场入口处。此外，需要提前将行李分为随身携带和托运两类，贵重物品和易碎的物品最好随身携带，在海关检查处获得的免税证明书也要随身携带，不然会被要求缴纳相应的关税。

专题：
在意大利乘公共交通工具

★ 在意大利乘地铁

意大利只有罗马和米兰有地铁，其中罗马有三条地铁线路，米兰有四条地铁线路。在意大利，地铁、公交车、电车，均可在 Tabacchi（小卖部或杂货店）、烟草店、报亭或者是地铁站自动售票机上购买车票。

乘地铁流程

1 找到地铁站
寻找 M 标志，找到地铁站。

2 查看地铁图
查看地铁图，了解所要搭乘的地铁线路。

3 购买地铁票
可在自动售票机上购票，在购票时，对于"热情"为你提供帮助的人，坚决说NO，以免他们欺诈你的钱财。

4 打票

进入地铁站前需要先在黄色机器上打票，打过票的车票可在车票有效时间内乘坐地铁或公交车，无须再次打票。

5 前往站台乘车

先确认好方向，再前往相应站台乘车。

6 下车出站

记得目的地前一站的站名，在人多时提前做好下车准备。

★ 在意大利乘公交车

1 购买车票

可在自动售票机上购买车票。

- 购买公交车车票
- 购买水上巴士车票
- 显示屏幕
- 投币口
- 选择按键
- 操作说明
- 出票口、找零

▲ 意大利自动售票机示意图

2 等候公交车

先研究一下站牌相关的乘坐信息，然后候车，等到车辆到来时可招手乘车。

3 上下车

从前后门上车,中间门下车,下车时要记得按铃。

SCITA:下车

ENTRATA:上车

4 车上打票

上公交车之后,记得在打票机上打票。罗马单程票的有效时间为75分钟,在这期间可随意搭乘公交车、地铁或电车,无须再次打票。

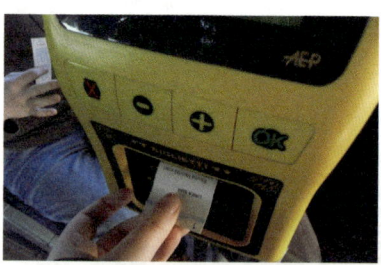

tips

购买交通通票

罗马交通通票	
票种	介绍
单程票(BIT)	有效时间为75分钟,票价1欧元
日票(BIG)	4欧元
周票(CIS)	16欧元
月票	30欧元

米兰交通通票	
票种	介绍
单程票	每张1.5欧元,75分钟内有效
24小时票	4.5欧元
48小时票	8.5欧元
10次票	13.8欧元

★ 在威尼斯乘水上巴士

1 找到水上巴士停泊处
可以顺着 Al Vaporetto 标志，找到水上巴士停泊处。乘坐之前需要购票，可购买 24 小时票，第二天乘坐。

2 确认乘坐资讯信息
在到达候船处后，查看水上巴士的航行方向。

3 打印船票
在候船处，需要打票，若购买的是 24 小时票，在第一次乘坐时打票即可。

4 搭乘
当所乘班次到达后，便可搭乘。

★ 在意大利乘出租车

在意大利旅行，除火车站、机场外，一般搭乘出租车需拨打专门电话预约，在拨打预约电话时，电话系统会给你一个租车代码（代码由一个地方名字加上一个数字组成）和一个时间，比如 Bahama 69, in dieci minuti, 意思是出租车 10 分钟后会到达 Bahama 69。当得到这个号码后，出租车就开始进行计费了。在意大利，尽量乘坐正规的出租车，目前正规的出租车都是白色的。意大利的出租车价格偏贵，一般可乘坐 4 人。

Part 3
境内预订，看这些就够

NO.1 长途汽车预订

过来人经验谈

快乐旅程·男·公司职员·无甚旅行经验

前往意大利各大城市,乘坐长途汽车的票价相对于飞机和火车票来说便宜一些,不过速度比较慢,体力不好的话不建议乘坐。我有时会选择乘坐运行时间比较短一些的长途汽车。

相约在路上·自由职业者·热爱旅游,旅游经验丰富

在意大利国内旅行,除了火车,还可以选择长途汽车。只是那次我们乘车出了一点小状况。当时我们从罗马出发前往锡耶纳,由于看标志显示终点站是锡耶纳,所以我们就很放心地坐车了,因为我们知道等到人们全都下车的时候就到了。我们一路聊着天很开心,直到后来发现高速路上的佛罗伦萨的指示牌,我们开始有所怀疑,但是也没多想,最后汽车在一个偏僻的地方停靠。当时我们傻了眼,还好有一位英语不错的阿姨,热心地告诉我们这里不是锡耶纳,还帮我查了前往锡耶纳的路线。费了一番周折,才到了锡耶纳,真是惨痛的教训啊。

★ 畅行意大利的长途汽车线路

意大利有很多长途汽车公司运行长途路线,涵盖范围十分广泛。尤其是南部和西西里岛等地铁路交通不是很发达,所以在罗马和意大利南端、西西里岛等地有很多长途汽车线路运行。此外,各个大城市和近郊小城市之间,以及西西里岛均有很多中途汽车运行。也可选择欧洲著名的**长途汽车公司Eurolines**,该公司开设有多条连接罗马与比利时、荷兰、瑞士、德国、法国等欧洲主要国家的线路。

意大利长途汽车公司运行信息		
名称	网址	运行区域
Sitabus	www.sitabus.it	从威尼托、托斯卡纳、坎帕尼亚、普利亚和巴西利卡塔出发的长途汽车比较多
Arpa	www.arpaonline.it	阿布鲁佐
Sais	www.saistrasporti.it	西西里岛
Saj	www.saj.it	卡拉布里亚
Sais	www.saisautolinee.it	将巴勒莫、卡塔尼亚、墨西拿、恩纳相连接，还实现了西西里岛和托斯卡纳、翁布里亚、马尔凯、阿布鲁佐、伦巴第和利古里亚的连接
Marino	www.marinobus.it	普利亚、巴斯利卡塔
Sena	www.sena.it	托斯卡纳
Autostradale	www.autostradale.it	伦巴第

★ 长途汽车购票

在购票之前，可先在相关的长途巴士网站上了解长途汽车运行时刻表。意大利的长途汽车一般无须提前预订，可在出发前1小时到相应的汽车站购票。意大利大多数城市都设有售票处或代理售票点。

管家提示

大部分长途汽车无须提前订票，但是需乘坐较长距离的长途汽车或者是通宵运行的夜间汽车时，应尽量提前在相关的长途汽车官网上预订座位，尤其是在旅游旺季的时候，以免乘车时无座。

NO.2 火车票预订

过来人经验谈

快乐旅程·男·公司职员·无甚旅行经验

在意大利乘坐火车比较方便，进入火车站后便可看到售票窗口以及自助售票机。查看攻略了解到从自助售票机上购票比较容易，因为初次来意大利，而且人工售票窗口处排队的人并不多，所以我选择了人工售票窗口。我买的是威尼斯到罗马的车票，乘坐的是欧洲之星。一开始车票有些看不懂，我还跑到咨询处询问了一下具体乘坐时间及乘车站台，就怕坐错车。

Potential Stocks·女·设计师·喜欢追求新鲜事物

为了避免在国外网站购票的麻烦，我在欧洲铁路公司中国售票处（www.europerail.cn）买的火车票，非常方便。用网上银行付款后，下载车票后打印，然后上车时给列车员即可，不用去柜台换票。

浅茉儿·女·摄影师·视角独特，善于发现新事物

尽量提前从网上购买火车票，会有不同程度的优惠。此外，要注意，意大利火车站没有候车大厅，直接到月台乘车即可，在寻找月台的时候一定要看清大厅电子屏幕上的站台号，一般会提前10分钟显示出来。

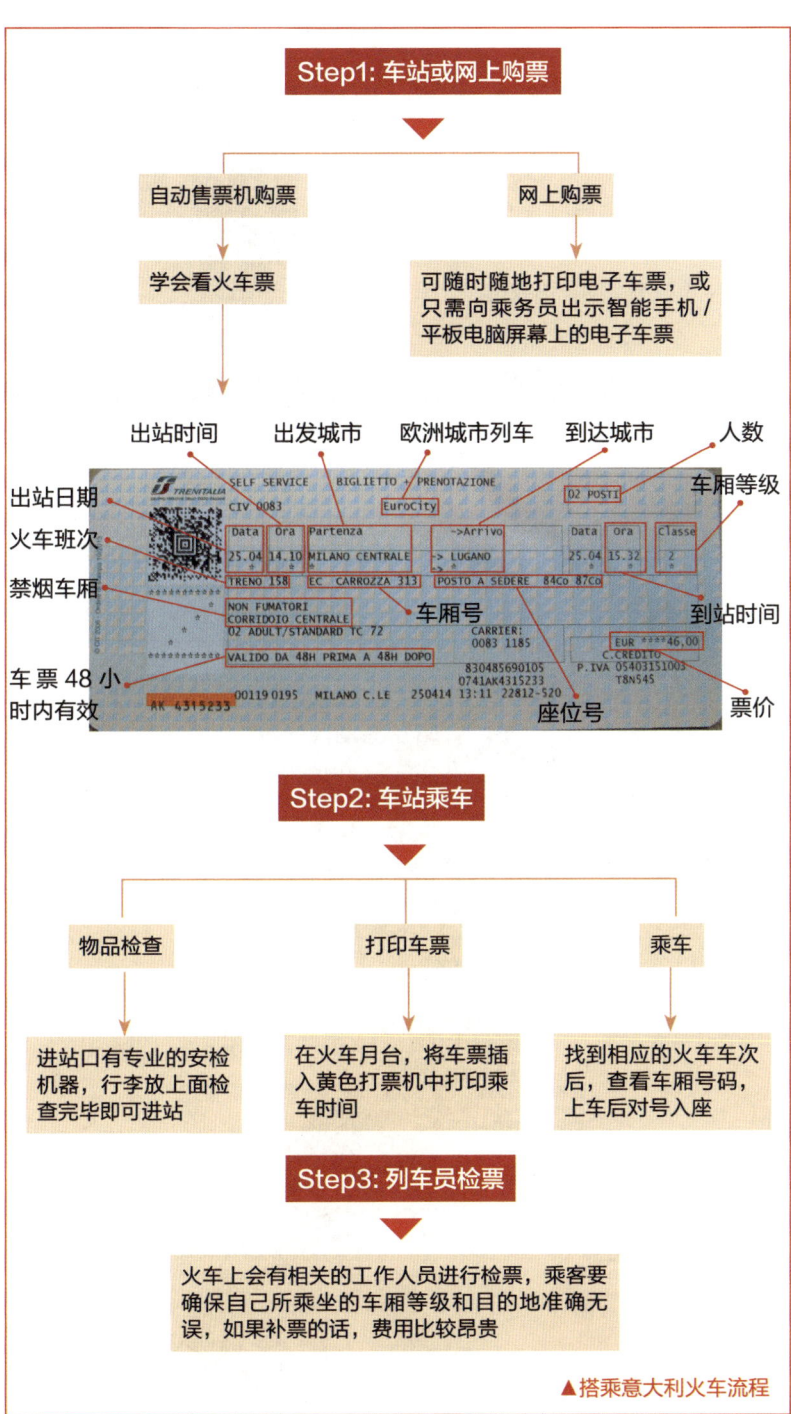

▲ 搭乘意大利火车流程

> tips

1. 乘火车注意一定要打印车票，不然会被罚钱。
2. 在火车上要对号入座。如果找不到座位可以坐在走廊的小板凳上。在搭乘欧洲之星快速列车时，不要站在火车上。

★ **畅行意大利的火车线路**

意大利的火车可分为高速列车（Alta Velocità trains）、城际列车（InterCity trains）、地区性火车（Regionale trains）、夜间火车（Night trains）四种。其中，高速列车包括Frecciarossa（红箭）、Frecciargento（银箭）、Frecciabianca（白箭）以及意大利欧洲之星，其运行线路网络涵盖超过140条。意大利大多数列车均有一等座和二等座，票价根据行程距离、服务等级和预订时间而有所不同。

▲意大利火车线路示意图

意大利高速列车线路信息

类型	运行地区	介绍
Frecciarossa（红箭）	连接了都灵、米兰、雷焦艾米利亚、佛罗伦萨、罗马、那不勒斯和萨莱诺，同时也穿过米兰和博洛尼亚抵达位于亚得里亚海的里米尼、佩萨罗和安科纳	时速达300千米，提供独特舒适的服务，包括可躺座椅、无线网络等。旅行团还可要求获得不同种类的中餐食谱
Frecciargento（银箭）	意大利东北部的主要城市：威尼斯、乌迪内、的里雅斯特、维罗纳、博尔扎诺、布雷西亚，与意大利南部的主要城市莱切、巴里、拉梅齐亚泰尔梅、雷焦卡拉布里亚相连接	以250千米的时速行驶，提供两个等级的服务，配有可供应三明治和意大利食品的餐车。头等舱乘客可享受免费的迎宾服务
Frecciargento（银箭）	将罗马和佛罗伦萨、博洛尼亚、帕多瓦和威尼斯等城市相连接	
Frecciabianca（白箭）	沿着东西轴向行驶，将都灵、米兰与维罗纳、威尼斯、乌迪内、的里雅斯特这几个东北部地区城市联系在一起	以200千米的时速行驶，提供舒适无比的服务，备有空调车厢、舒适的座椅、大件行礼存放空间、电源插座，还有现代化酒吧区提供餐饮服务。此外，都灵—威尼斯一线座位处还提供有特别的免费迎宾饮料
Frecciabianca（白箭）	沿着亚得里亚海岸线行驶，将都灵、米兰、威尼斯与安科纳、佩斯卡拉、巴里、莱切、塔兰托相连接	
Frecciabianca（白箭）	顺着第勒尼安海岸线行驶，使罗马与热那亚、米兰、都灵相连接	
Frecciabianca（白箭）	通过那不勒斯和萨莱诺，将罗马和雷焦卡拉布里亚、拉韦那连通	
意大利欧洲之星（Eurostar Italia）	在都灵、米兰、威尼斯、博罗尼亚、佛罗伦萨、罗马、那不勒斯等城市间运行	设有一等车厢、二等车厢，座位宽敞舒适，4～11岁儿童半价，需要提前预订座位

tips

1. 意大利高速火车的票价比较高，如果持有普通车票一定不要误乘了高速火车，因为上车后需要补足费用较高的差价。

2. 地区性火车速度比较慢，在各个小站都会停靠。如果时间充足，可以搭乘这种火车，慢慢欣赏地区风光。

★ 能够享受优惠的通票 / 优惠卡

意大利铁路通票

办理一张意大利铁路通票（Eurail Italy Pass），便可在意大利铁路网内无限次乘坐火车旅行，可在一个月内使用3天票、4天票、5天票、8天票，使用时旅行天数可连续也可不连续。

意大利火车通票						
	一等车厢票价			二等车厢票价		
类型	成人（25岁以上）	青年（12~25岁）	2~5个成人（每人价格）	成人（25岁以上）	青年（12~25岁）	2~5个成人（每人价格）
3天票	204	164	174	164	134	140
4天票	231	186	197	186	152	159
5天票	265	213	226	213	174	182
8天票	358	287	305	287	234	245

备注：票价（欧元）；儿童在出行期间不满4周岁免费，4~11周岁儿童半价

青年优惠卡

青年优惠卡（Carta Verde）为12~26周岁的青年乘客提供20%的优惠，有效期为一年，办卡费用为40欧元。

老年人优惠卡

60岁以上的老年人可以购买老年人优惠卡（Cara d'Argento），持有该卡在乘坐火车时会享受20%~30%的优惠，有效期为一年，费用为40欧元。

tips

1. 更多关于意大利火车通票的信息可以查询 www.railpass.com。优惠卡对于长期游客比较有用，如果你是短期旅行，建议选择意大利铁路通票。

2. 意大利的火车通常分为一等车厢、二等车厢、卧铺车厢，一等车厢的价位约比二等车厢贵一半。高速火车也要比一般的火车贵，欧洲之星还要另外支付附加费，该费用包含在票价内。

3. 在购买了意大利铁路通票之后，需在火车站激活或确认你的火车通票后才可使用。车站工作人员会在通票上写上有效期并盖章。此外，购买了意大利火车通票，也不是任何车次均可直接上车，在购买时要询问清楚。

★ 图解火车票预订流程

在人工售票处窗口购票,需要排队,可以选择自动购票机购票。此外,也可提前在网上购票。值得一提的是,高速列车必须提前预订,其他类型列车则无此项规定。

自动售票机购买火车票流程

① 找到自动售票机(Biglietto Veloce)

屏幕

插卡处

取票口

② 选择语言"Seleziona la lingua",可选择英语;选择购票,点第一个"Buy Your Ticket"即可,右侧的"Collect Your Ticket"是网上订票者取票的地方

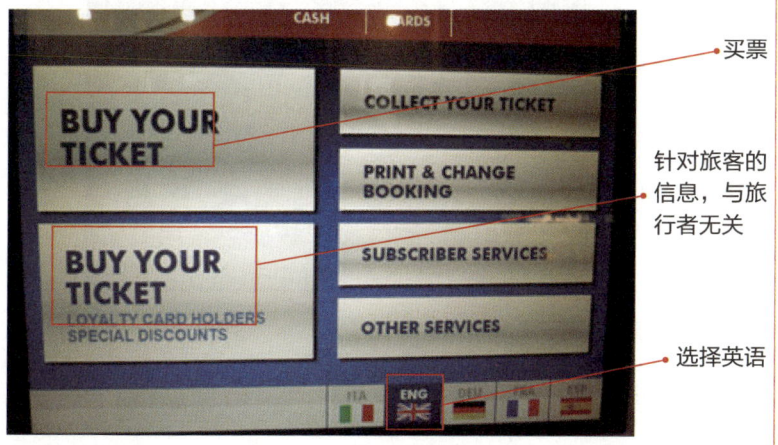

买票

针对旅客的信息,与旅行者无关

选择英语

❸ 选择出发地和目的地。默认始发站就是售票机所在的车站，如果想改变始发站，可点击"Modify Departure"

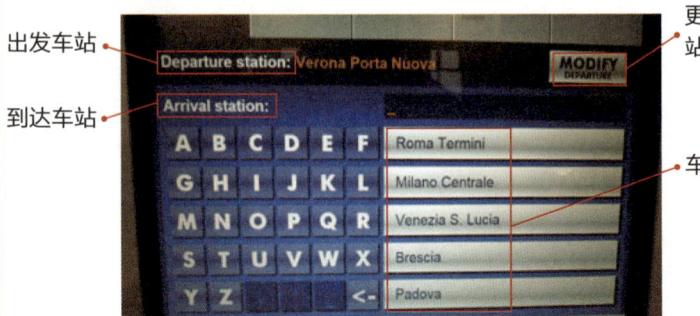

出发车站
到达车站
更改始发站信息
车站名称

❹ 选择火车班次，默认显示是购买时间点后的车次信息，也可点击"Modify Date and Time"重新设定发车日期与时间

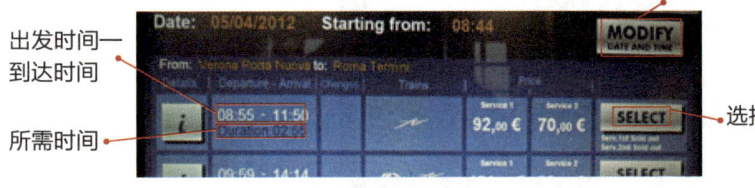

重新设定发车日期与时间
出发时间—到达时间
所需时间
选择

❺ 选择火车票种类，一般选择"BASE"，选择座位类别，然后设定购买车票张数

原价票，游客最常购买的车票种类，没有优惠，但比较灵活，火车开出后3小时内仍可退票，收取50%退票费，只能在始发站或购票点退票

一等座　二等座

这种火车票通常比BASE全价票票价高20%，但灵活性很强，如在火车开出前会有两次免费更改预订、一次更换车次的机会

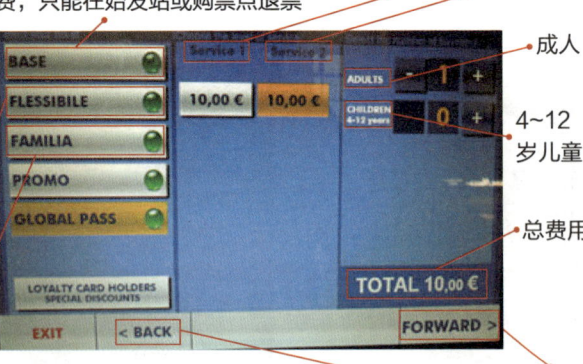

成人
4~12岁儿童
总费用
返回
下一步

家庭八折票，适用于3～5人的家庭（含一个大人以及一个12岁以下的儿童），12岁以下儿童享50%的优惠（一些车型享30%的优惠），其他人员享20%的优惠

6 如果是长途列车,还可以选择座位

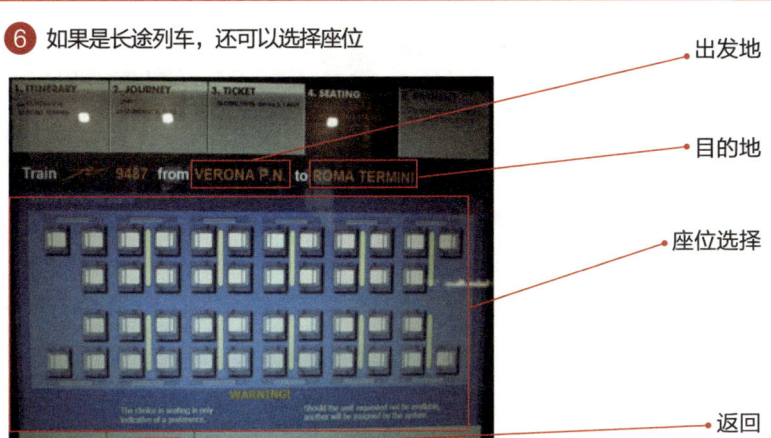

- 出发地
- 目的地
- 座位选择
- 返回

7 确认好票价之后,使用现金或信用卡付款,随后机器会打印出车票

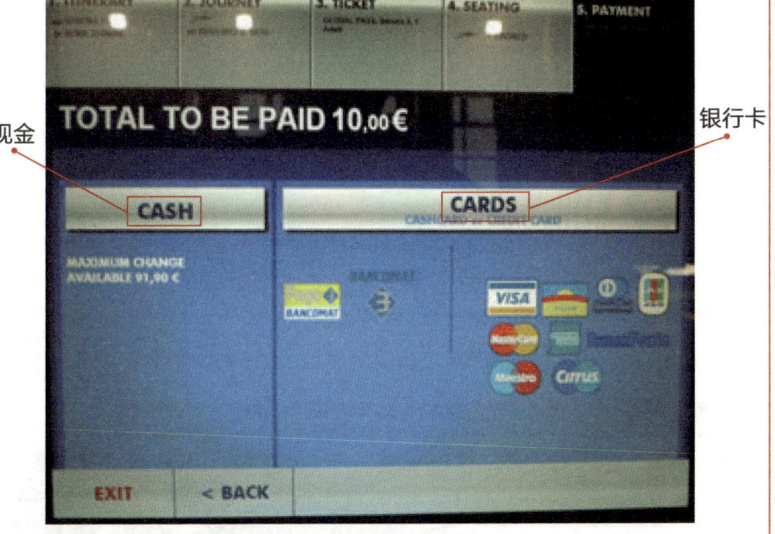

- 现金
- 银行卡

tips

目前在意大利各火车站，还有一些老式的自动售票机仍在使用，这种售票机上没有触摸屏，只能通过选项或输代码来完成购票。这种自动售票机主要用于购买区内列车（Regionale）票，主要服务于当地人，但是如果掌握了操作技巧，使用起来也是很方便的。

使用时，首先选择英文界面；然后选择购票方式，一种是以当前站为始发站，可选择列出的常用终点站名称，另外一种是购买从罗马前往某地的周票（Weekly Ticket），还有一种是购买任意地方的车票"Choose other single and season tickets"；如果选择购买任意地方的车票，上面会出现各地车站所给出的一个相应的三位数字代码，确定输入三位代码即可；最后付款即可，要注意付款时不要使用大额纸币，因为这种售票机最大找零是9欧元。

意大利火车网上购票流程

可在意大利铁路公司官网（www.trenitalia.com）或Italo高速铁路网（www.italotreno.it）上预订火车票，下边就以意大利铁路公司为例讲解一下意大利火车票的预订流程。

① 登录意大利铁路公司官网（www.trenitalia.com），网页右上角有语言选项，选"英文"即可切换到英文页面

② 填写列车信息。填写出发地、目的地、出发时间、票的种类等信息，点"Search"

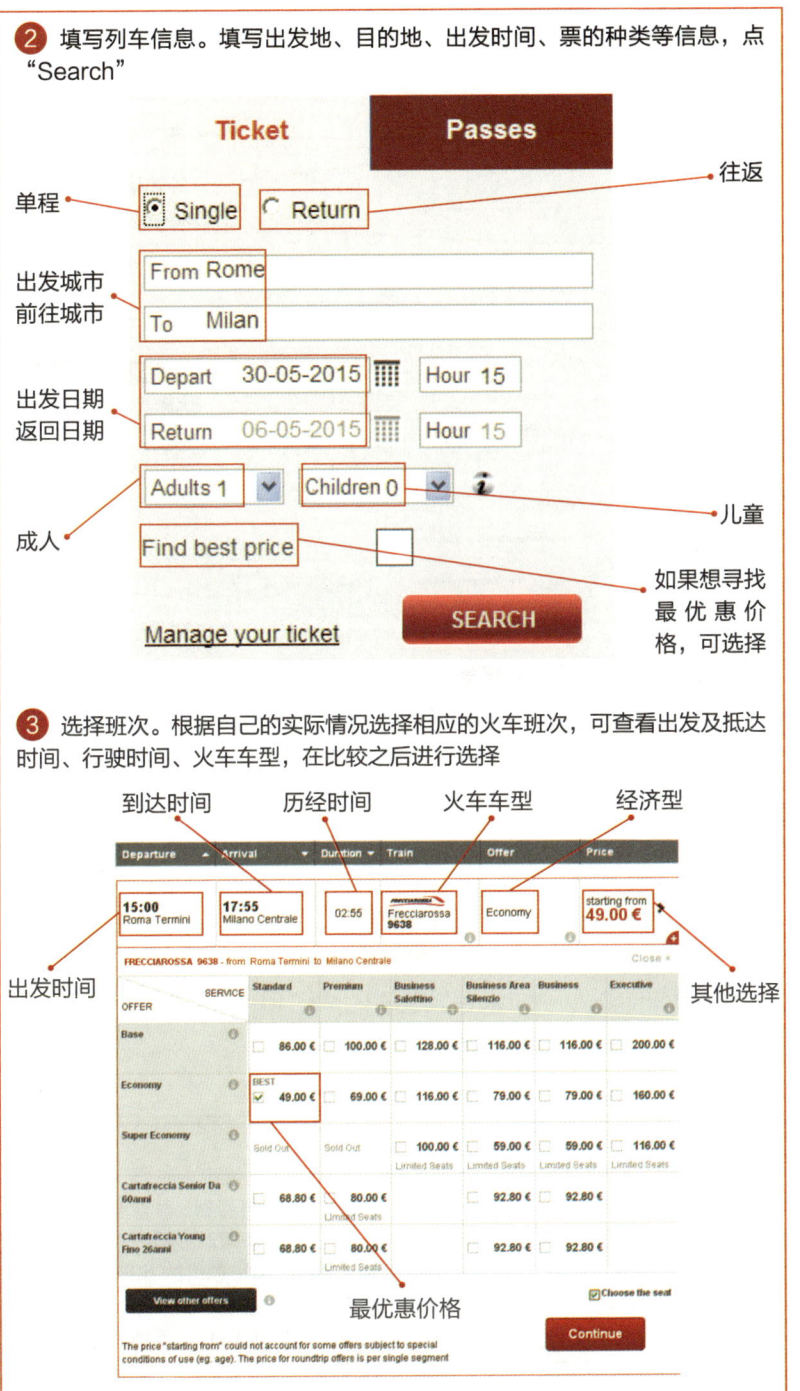

③ 选择班次。根据自己的实际情况选择相应的火车班次，可查看出发及抵达时间、行驶时间、火车车型，在比较之后进行选择

④ 填写相关信息，包括个人信息以及付款方式，然后继续支付即可

表单标注：
- 已注册用户 — Log in
- 未注册用户 — Go on without log in / (Read Information)
- 名字 — First name*
- 姓 — Last name*
- 邮箱 — e-mail*
- 邮箱确认 — Confirm e-mail*
- 电话号码 — Phone
- 付款人乘坐该列车 — I am a passenger too

Passengers 区域：
- 乘客 — Passengers
- 成人 — Adult
- 名字 — Name
- 姓 — Surname
- 邮箱 — E-mail
- 电话号码 — Contact number
- 优惠券 / 促销代码 — Discount coupon/Promo Code
- 附加服务 — Additional Services / Hotel

Payment 区域：
- 选择信用卡种类 — Use credit card or prepayd card (VISA等)
- 在线支付 — PayPal
- 万事达卡 — Masterpass
- 支付软件 — Bemoov
- I Book now, I pay later with Postoclick
- Accept *General Transportation Condition* a30005z
- 继续 — Continue
- Back / You have 0 travels in cart

tips

尽量提早预订车票，这样优惠会多一些，但是要注意，如果购买的是折扣票，想退票或是改签就比较麻烦了。

管家提示

在预订车票时，会发现有很多 Super Economy 优惠火车票，这种车票基本上打 8 折，在网上预订时，在选定出行车次时就可看到。要注意，这种票不可以随意更改班次和时间，只允许改签一次，改签不可改变行程和车型，只能更改乘车时间。同时，在出发一天前可以退票，退给票价的 50%，票价少于 10 欧元不能退票。改签、退票只能持车票在火车站售票口或出票旅行社进行，因而改签起来十分麻烦。此外，地区火车（Regionale）不出售这种票；如果儿童已经购买儿童票，则不可使用这种票。

托斯卡纳火车轨道

NO.3 渡轮预订

过来人经验谈

 相约在路上·男·热爱旅游,旅游经验丰富

在加尔达湖游玩时,看见了停靠在码头的渡轮,很兴奋,感觉乘坐渡轮游湖肯定别有一番滋味。但是经过询问,人家却说现在是淡季,渡轮从10月底至次年4月底不运行。因而,我们也只能眼睁睁地看着它停在那里了。

 Love Baby·女·时尚辣妈·有丰富的亲子游经验

因为孩子很想坐船,所以我们早早地来到威尼斯的码头乘坐上了著名的贡多拉。坐着贡多拉,欣赏两岸的秀美风光,邂逅不一样的威尼斯风情。

★ 畅行意大利的渡轮线路

意大利有 Tirrenia、Snav、Grandi Navi、Moby、Saremar 等多家渡轮公司,在意大利各港口之间有很多渡轮线路运行。从热那亚、里窝那、奇维塔韦基亚、那不勒斯均可前往西西里岛及撒丁岛。

▲意大利的渡轮线路示意图

意大利主要渡轮公司运行信息		
渡轮公司	前往地区	网址
Tirrenia	在意大利主岛与撒丁岛、西西里岛、特雷米蒂群岛之间航行，所停靠站点有：阿尔巴塔克斯（Arbatax）、卡利亚里（Cagliari）、奇维塔韦基亚（Civitavecchia）、热那亚（Genoa）、那不勒斯（Napoli）、奥尔比亚（Olbia）、巴勒莫（Palermo）、托雷斯港（Porto Torres）、特雷米蒂（Tremiti）群岛、圣多米诺（San Domino）、泰尔莫利（Termoli）	www.tirrenia.it
Snav	连接那不勒斯与那不勒斯海湾上的众多岛屿，全年运营，还有季节性航班将那不勒斯与西西里岛北部一群小岛以及伊奥利亚群岛相连；还可前往西西里岛和撒丁岛	www.snav.it
Caronte & Tourist	提供多条渡轮线路，连接意大利主岛与西西里岛，往返于萨莱诺港口与墨西拿	www.carontetourist.it
Moby	将意大利主岛与撒丁岛、科西嘉岛、厄尔巴岛相连接	www.mobylines.com
Toremar	将意大利主岛与托斯卡纳群岛相连，包括厄尔巴岛、吉廖岛、卡普拉亚岛、皮亚诺萨岛	www.toremar.it

续表

渡轮公司	前往地区	网址
Ustica Lines	将意大利主岛与伊奥利亚群岛、佩拉杰群岛、埃加迪群岛、西西里岛、乌斯蒂卡岛、潘泰莱里亚岛相连	www.usticalines.it
TTT Lines	前往那不勒斯、卡塔尼亚	www.tttlines.it
Saremar	前往科西嘉岛、撒丁岛	www.saremar.it
Grandi Navi Veloci	前往撒丁岛、西西里岛	www.gnv.it

★ **图解渡轮预订流程**

意大利渡轮票可以在经授权的旅行社购买,也可从网上购买。在夏季和旅游旺季渡轮的线路会增加不少,但是价格会比较贵,还会根据乘客携带上船的交通工具的重量而调整票价。

渡轮预订网站	
网站	介绍
www.directferries.cn	拥有全面的渡轮航线,可为你提供灵活的航线选择
www.aferry.co.uk/ferry-to-italy-ferries-uk	世界领先的渡轮预订网站,几乎涵盖了欧洲所有的渡轮线路,其中意大利渡轮线路也很全面,可根据自身情况进行预订
www.traghettionline.com	包括众多意大利渡船公司信息,可以比较票价及方便购票
www.ferryto.cn	提供超过 80 个欧洲主要渡轮运营商,提供详细的意大利渡轮票价格信息,方便预订渡轮票

网上购买渡轮票流程

① 登录 www.aferry.co.uk/ferry-to-italy-ferries-uk 网站,填写相应的信息

出发路线
返回路线
日期、时间
往返
单程
18 岁以上成人
18 岁以下未成年人
狗
猫
多种路线选择
货币选择
搜索

② 选择相关的渡轮信息，然后点击"Continue"

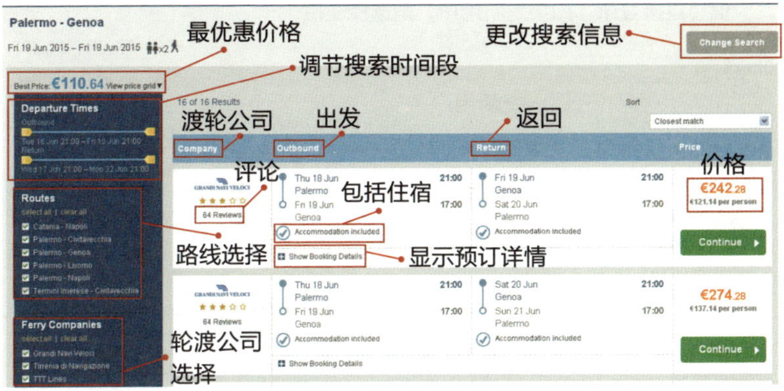

- 最优惠价格
- 更改搜索信息
- 调节搜索时间段
- 渡轮公司
- 出发
- 返回
- 价格
- 评论
- 包括住宿
- 显示预订详情
- 路线选择
- 轮渡公司选择

③ 选择船上住宿，包括有座、无座（可以使用公共区域的任意座位）、卧铺（内舱卧铺、外舱卧铺）和小屋（分男女小屋）。核实右侧信息后，选择"Continue"

- 总价格中包含该项费用，可以随意更改住宿信息
- 前往目的地
- 价格
- 继续

境内预订，看这些就够

115

④ 填写付款信息，如果你已经在该网站上注册，可选择在右侧一栏输入账户信息直接登录，如果是新用户，则选择左栏

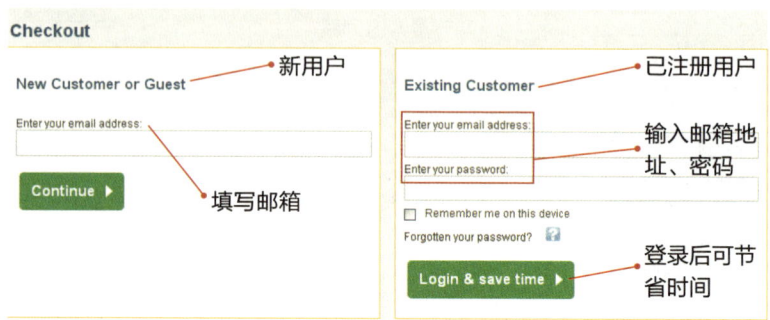

⑤ 接下来就是填写相关的预订资料，包括个人信息、其他乘客信息、预订信息、地址，填写完整后即可用信用卡支付，完成预订

管家提示

如果想从意大利乘坐渡轮前往地中海沿岸各国，可参考以下渡轮公司：Blue Star Ferries（www.bluestarferries.com）连接希腊和意大利；Superfast Ferries（www.superfast.com）从希腊北部城市伊古迈尼察行驶至意大利的安科纳和巴里；Grimaldi Ferries（www.grimaldiferry.com）是意大利最知名的航运公司之一，其航线将突尼斯、巴塞罗那和意大利奇维塔韦基亚、萨勒诺、利沃诺、巴勒莫等港口连接起来；Marmara Lines（www.marmaralines.com）的渡轮自土耳其西部城市切什梅开往安科纳、布林迪西；Jadrolinija（www.jadrolinija.hr）渡轮行驶在克罗地亚海岸沿线，往返于杜布罗夫尼克和巴里之间；Virtu Ferries（www.virtuferries.com）的渡轮往返于马耳他和卡塔尼亚之间。

NO.4 机票预订

过来人经验谈

浅茉儿·女·摄影师·视角独特，善于发现新事物

长途飞行会很辛苦，廉价航空虽然价格便宜，但是乘坐起来却不够舒适，因而如果乘坐时间较长，尽量选择一些大型的航空公司。因为我们早已确定好出行的时间，所以提前大半年就预订了阿联酋航空，并选择在迪拜转机。

无畏的旅行者·男·公司总经理·喜欢从旅游中感受生活

从中国直飞意大利一般需要13个小时左右，如果中转的话怎么也要16个小时以上。如果想买到便宜的机票，需要提前大半年经常去看机票价格。大家可以在天巡网上看廉价机票，不过有的转机航班耗时太久，预订时要看清楚时间。

★ 常用的热门机票预订网

在意大利国内，除了主要的意大利航空（Alitalia）外，还有一些便宜的廉价航空公司可供选择，如AirOne、AirAlps、EasyJet等。

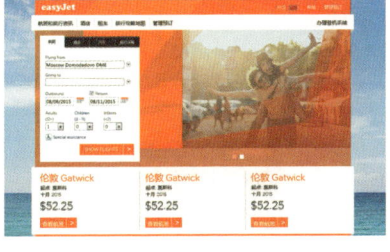

PART 3 境内预订，看这些就够

意大利常用的热门机票预订网		
名称	网址	特色
Alitalia	www.alitalia.com	意大利的国家航空公司，也是意大利国内最大的航空公司
AirOne	www.aironecharters.com	意大利的廉价航空公司
Meridiana	www.meridiana.it	意大利的航空公司，航线数量比较多
Air Dolomiti	www.airdolomiti.it	意大利重要的地区性航空公司，提供意大利国内航班服务以及从意大利北部地区飞往西欧部分国家的航班服务
EastJet	www.easyjet.com	一家著名的廉价航空公司，因为其低价、简洁的服务深受欢迎

★ 图解意大利境内机票预订流程

网站机票预订流程

① 可登录 www.airdolomiti.it，选择英语，在 BOOK（预订）一栏中选择在"BOOK YOUR FLIGHT"下填写出发地和目的地以及往返日期等信息

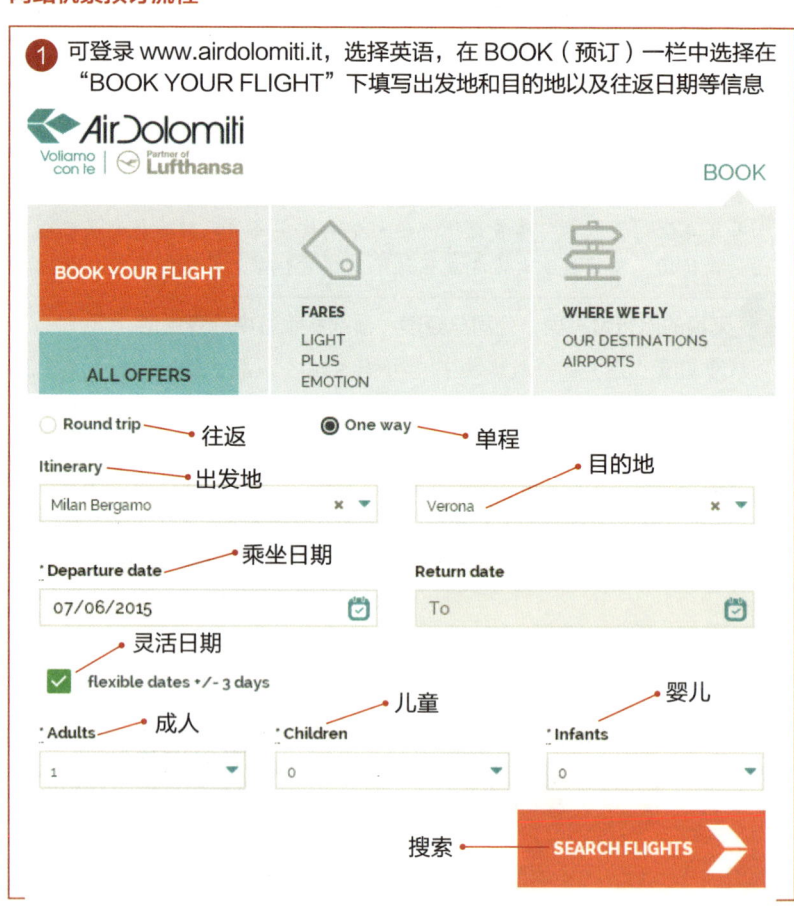

② 根据自身需求，选择相应的票价。要注意，最优惠的机票，想要退票或者改签需要补加的费用较高，而且行李的最高限额较低。确定之后，点击继续

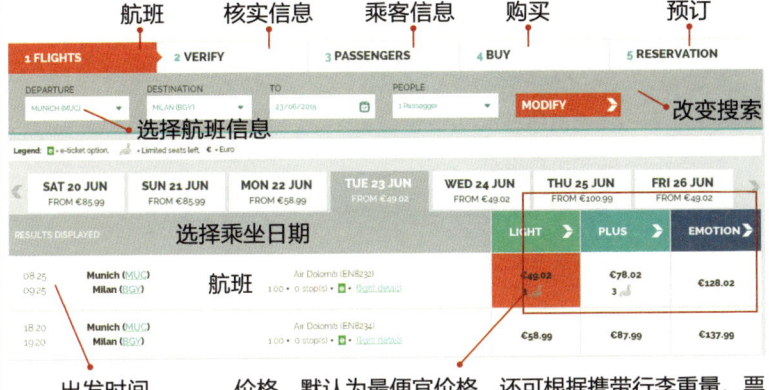

③ 核实相关的机票信息，确定之后点击继续

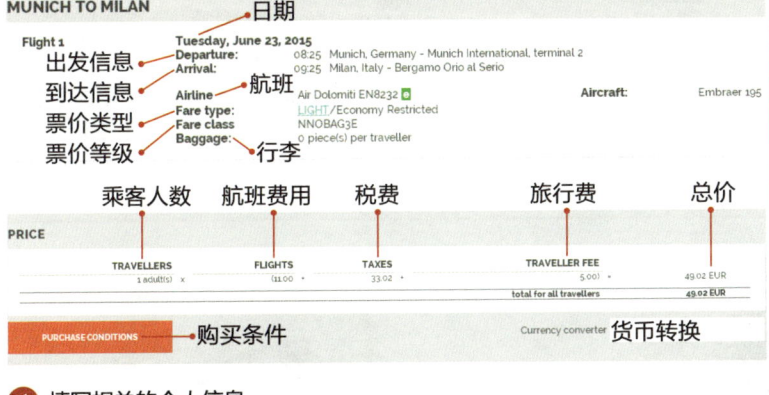

④ 填写相关的个人信息

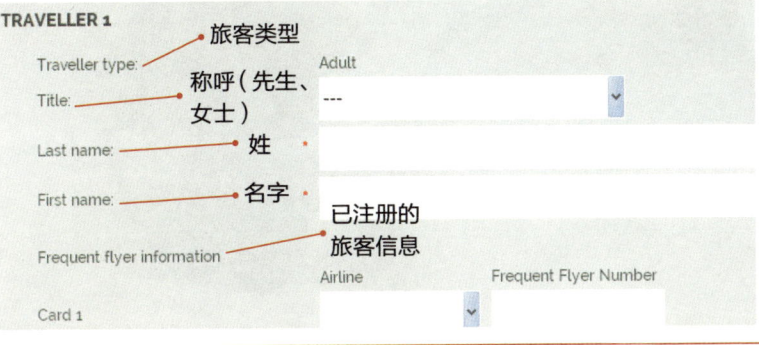

5 填付款预订即可

CONTACT INFORMATION ——→ 联系信息

e-mail 1: ——→ 邮箱

Preferred email format: ——→ 邮箱格式 HTML

Home phone: ——→ 座机号码

Mobile phone: ——→ 手机号码

Additional contact information ——→ 额外的联系方式

Name: ——→ 姓名

Phone number: ——→ 手机号码

SUBSCRIBE NOW TO THE AIR DOLOMITI NEWSLETTER ——→ 可以预订航空通信

管家提示

　　意大利航空公司规定的行李额，经济舱每件行李不得超过 23 千克，商务舱每件不超 32 千克，行李箱长宽高之和不超过 158 厘米。第一航段的首飞城市的舱位允许免费托运 2 件行李，每件不超过 32 千克。行李超重指的是行李重量超过 23 千克但小于 32 千克，超大行李为行李尺寸超过 158 厘米但小于 203 厘米；超件数则为超过数量的行李。额外收取费用为两者组合在一起，如超重 + 额外的件数组合。

NO.5 旅行团预订

过来人经验谈

无畏的旅行者 · 男 · 公司总经理 · 喜欢从旅游中感受生活

第一次去意大利的时候，我是和爸妈跟团前往的，这样操心的事比较少，比如往返机票、住宿、吃饭都不用操心。事实证明，我们的吃住还不错，看来报大型旅行社确实有保障。每到一个地方就有地接导游讲解，让我们充分了解了当地风情，爸妈都玩得很开心。

★ 在意大利怎样报团

通常在到达当地入住的酒店后，在酒店大堂中便会看到有着各种旅游信息的小册子，上面会有当地旅行社的详细介绍；同时也可在大堂柜台处让酒店的服务人员向你推荐或帮助你电话预订。此外，很多旅行社都提供网上报名服务，可通过网络提前预订。

★ 意大利知名地接社

意大利当地有众多旅行社可供选择，你可根据你的个人需求，寻找适合自己且性价比较高的专业旅行社。

PART 3 境内预订，看这些就够

意大利知名地接社推荐

名称	特色	电话	网址
蓝天旅行社	威尼斯首家华人创办的旅行社	06-77590172	www.lantiancieloblu.com
星际旅行社	在北京设有联络处。除了地接服务，旅行社还专注于意大利深度旅游服务	329-546486	www.linstartour.com
意大利环意国际旅行社	环意（北京）国际旅行社有限公司隶属于意大利环意单团地接社，其针对中国市场最早开创"意大利单团地接"的新型业务模式	06-89564599（罗马总部），010-59648686（北京）	www.itatour.net（北京分部）
哥伦布之旅地接社	有资深本土相关人士打造出的数百条适合出行的路线，可为你量身定制旅行路线	333-8265223（意大利总部），010-65206929（北京分部）	www.colombo-travels.com

★ 跟团游经典线路

经典路线推荐	
名称	线路
一日游	罗马市区一日游
	米兰市区一日游
	威尼斯市区一日游
三日游	罗马—锡耶纳—比萨
	佛罗伦萨—威尼斯—米兰
四天三夜	米兰—威尼斯—罗马—佛罗伦萨
八日自由行	罗马—佛罗伦萨—威尼斯—米兰—都灵—比萨

管家提示

参加旅行团前，要把价格中包含和不包含的项目问清楚，还要了解一下导游和司机的小费问题。有些旅行社提供的旅游线路价格很低，但一般都会附加很多必须消费和选择消费项目，需特别注意，建议不选择此种线路。签协议时，看清条款，有要求和问题时必须写清楚，可作为事后证据，很多口头承诺都没有约束力。应着重鉴别行程安排是否合理；明确费用内容和质量，同时要注重出行返回时间、交通工具、住宿、用餐、有无全程导游、有无购物安排、旅行社是否已购买旅行社责任险等细节。

比萨斜塔

Part 4

吃货教你吃"意"餐

NO.1 意大利有什么好吃的

 过来人经验谈

 快乐旅程·男·公司职员·无甚旅行经验

我们第一顿意大利菜是在罗马的一条街上吃的,坐在街边马路上边看风景边吃饭,还挺惬意。我住的旅馆边上有一个名为 G.Fassi 的冰激凌店,因为在那里排队的人很多,我便在网上查了一下,才知道这里是一家百年老店。虽然我不太喜欢吃甜品,但是为了表达对意大利冰激凌的敬意,还是去排队买了一个吃,2欧元,味道比较浓郁,不是太甜,感觉还挺好吃的,可能是因为食材正宗吧。

 Potential Stocks·女·设计师·喜欢追求新鲜事物

早就听说那不勒斯是比萨的故乡,当我们看到眼花缭乱的比萨时,真是忍不住吞口水,虽然在别的地方吃了不少比萨了,但还是忍不住点了一些。之后在街上又买了冰激凌吃,物美价廉啊,很是怀念。

 Love Baby·女·时尚辣妈·有丰富的亲子游经验

意大利美食本来就名不虚传,餐馆多也是理所当然。为了避免太盲目,能让孩子吃得好一点,我们提前下载了猫途鹰的APP。我们先在这个软件中搜评,感觉好评比较多,我们便会进去尝一下,但是因为毕竟人的口味各不相同,所以有的好评餐馆也不是很合我们的口味。此外,我不建议根据提前做好的攻略去找餐馆,因为那样比较浪费时间,而且味道也不一定好。

★ 平常都爱吃这些

外带比萨

Pizza al Taglio 是一种在意大利常见且颇受欢迎的外带比萨。

意大利炸饭团

煮好的意大利米饭包裹上蔬菜、果酱，然后外皮沾层面包粉下锅油炸即成。

意大利面

又称意粉，是西餐中很接近中国人饮食习惯的一道美食。

意大利冰激凌

Gelato 是著名的意大利冰激凌品牌，被奉为冰激凌中的经典。

意式三明治 Panini

味道酥脆，趁热吃比较美味。Panini 与美式汉堡最大的不同就是热量低，吃起来比较有营养。

意式馄饨汤

馄饨的馅料主要为起司、火腿、蔬菜等，吃法是用肉汤煮熟食用。

提拉米苏

纯正的意式风味提拉米苏（Tiramisu），味道香软沁润，可以配咖啡、茶一同享用。

意式咖啡

无论是意式咖啡的精髓 Espresso，还是花样百变的玛琪雅朵，抑或是味道香浓的卡布奇诺，都不容错过。

Panelle

这是一种呈方形状，内填有酱料、香草的面饼，红遍意大利大街小巷。

tips

1 喝咖啡的习惯

意大利人常点的咖啡为浓缩咖啡 Espresso，泡出一杯这样的咖啡只需 10 秒，不过这种咖啡人们经常会选择在午餐后喝。对于早餐，人们则比较喜欢喝拿铁和卡布奇诺，但是这种奶类咖啡，意大利人一般不会在吃完饭后喝，因为他们认为牛奶不利于消化。

2 喝咖啡需注意

在咖啡厅里喝咖啡时，可以站着喝，也可以坐下来喝，但是坐下来喝价格会贵一些。

★ 地方特色比较"甜"

撒丁岛酥炸鱿鱼

鱿鱼肉质肥嫩、鲜香，蘸以香浓柔滑的海鲜挞挞沙司一起吃下，香酥可口。

那不勒斯烩鸡

这道菜中有西红柿，使菜呈红色，所以人们称它为"那不勒斯烩鸡（红烩鸡）"。

西西里奶油甜馅煎饼卷

奶油甜馅煎饼卷是意大利西西里岛最经典的甜点代表，甜而不腻，醇香软润。

曼多瓦酥饼

曼多瓦酥饼（Sbriciolata）是意大利北方的一种大众甜点，其口感酥脆，包裹有杏仁、巧克力、黄油、鸡蛋黄制成的香甜内馅。

Sfogliatella

那不勒斯地区的特色糕点，在意大利的街头小吃摊和糕点店很容易买到。

甜甜圈

甜甜圈（Doughnuts）是一种在意大利很受欢迎且很亲民的咖啡点心。通常加有葡萄干，外层撒有糖。

管家提示

意大利人习惯就餐的时候饮用葡萄酒，而在用餐后则喜欢喝"利口酒"（LIQUEUR）这种餐后甜酒。如果是去当地人家中做客，可以带上一瓶葡萄酒以示谢意，在祝酒时注意眼神交流，让主人对你留下好印象。

NO.2 找餐馆有技巧

过来人经验谈

浅茉儿·女·摄影师·视角独特，善于发现新事物

从韦尔纳扎回到里奥马焦雷，已经20:00了，很多餐馆已经关闭，还好发现了一家比萨店，虽然就剩下了很少的一部分比萨，但是由于太饿就全部买走了。吃完之后，回到旅馆舒舒服服地洗了个澡，就赶快休息了，为明天的五渔村之旅养精蓄锐。

无畏的旅行者·男·公司总经理·喜欢从旅游中感受生活

据我所知，米兰、罗马、佛罗伦萨、卡塔尼亚等地都有不少中餐馆，通常价格为3～6欧元/道菜，吃一顿饭人均约15欧元。不过自从我吃了一次当地中餐馆的菜，感觉不太好吃后，就再也不吃了。需要注意的是，通常菜打包带走也会比在餐馆中吃便宜；而且意大利的早餐站着吃比坐着吃要便宜。

PART 4 吃货教你吃"意"餐

★ 怎样找到中餐馆

罗马中餐馆		
名称	特色	资讯
颐和园饭店（China Garden）	提供美味的中国菜和日本菜，提供意大利语、英语及中文服务	地址：Piazza Ippolito Nievo 25/a-b-c-d 电话：06-5880787 网址：www.chinagarden.it
君豪（F&B Ristorante）	以中国南方口味为主，口味有些改变但是改变不大。上菜时分主次，头盘上油炸土豆条、土司、虾片等，一道是炒饭、炒粉等主食，二道为炒菜或者铁板，然后是沙拉	地址：105 Via Giovanni Giolitti 营业时间：10:00～22:00
Bin Hai	这是罗马一家比较受欢迎的中餐厅，提供很好的服务。食物的价格比较优惠，还提供优质的葡萄酒	地址：Via la Spezia, 86 电话：06-7012519
贵宾楼酒家（Ristorante Cinese Fantastico）	这家地道的中国餐馆很受当地人欢迎。美味的食物、愉快的就餐氛围、优越的服务使得这里总是人满为患。在这里就餐每人需花费 12～15 欧元	地址：Via Di Bravetta, 778 电话：06-66150606
Xing Hua	这里提供干净、美味且种类丰富的菜肴，其中包括新增的日本料理，味道很不错	地址：Via Vipsanio Agrippa 21 电话：06-5611980
Hang Zhou	有很好的家庭气氛和极好的食物。菜式多样，一般在这里就餐约需 20 欧元/人	地址：Via Principe Eugenio 82 电话：06-4872732

米兰中餐馆		
名称	特色	资讯
大华餐馆（Ristorante Chinese Ta Hua）	提供精品粤菜，其中奶黄包、烧卖、虾饺、肠粉味道都不错。还有各种港式甜点可供选择	地址：Via Fara Gustavo,10 Milano 电话：02-66987042 网址：www.tahua.it
膳记（Shan Ji）	一家地道的川菜馆，有很多中国明星都去这里吃过饭，推荐水煮鱼和香辣猪手	地址：Via Volta, 20 电话：02-49543614
邓-俏江南（Den restaurant）	环境和布局充分融入了中国的特色文化，每道菜都采用时下最新鲜的食材烹制而成，推荐这里的青椒牛肉、毛血旺、麻辣鸭头和手抓羊排	地址：Via Padova, 94 电话： 02-36601388 网址：denqiaojiangnan.com
Bon Wei	提供地道的中国美食，拥有非常好的氛围和高品质的食物，推荐美味的北京烤鸭。此外，这里还提供很好的服务，价格比较贵	地址：Via Lodovico Castelvetro,16-18 营业时间：12:00~14:30、19:00~23:30（周一关门） 电话：02-341308 网址：bon-wei.it
上苑东方料理（Su Garden）	提供餐前点心、汤类、面食类、肉类和各种菜肴，还有一些甜品。推荐品尝这里的春卷、土豆虾仁煎饼、虾饺、芝麻虾仁土司、龙虾片	地址：Via Carlo Tenca,12 营业时间：周二至周日 12:00~15:00、19:00~00:00，周日 19:00~00:00 电话：02-36746363 网址：sugarden.it

★ 常见的意大利餐馆类型

意大利的餐馆种类多样，有低、中、高价位的餐馆可供选择。一般而言，低价位餐饮 5 ~ 15 欧元，中价位 15 ~ 25 欧元，高价位则在 25 欧元以上。

低价位餐馆	比萨店	可以在店里吃，也可以打包带走吃，通常除了卖比萨外，还提供便宜的小食品
	咖啡馆或酒吧	提供一些意大利三明治、配菜、第一道菜等，在这类地方用餐价位较便宜，而且上菜速度快，适合用餐简单的背包客
	烤肉店	意大利各城市街巷经常能见到一些支着铁架、现场烧烤的小店，这些各式各样诱人的烤鸡肉、牛肉、猪肉，令人垂涎欲滴
中价位餐馆	餐馆（Trattoria）	多提供当地特色美食，价格比较便宜，就餐氛围也比较亲民
	小酒馆（Osteria）	提供多种葡萄酒以及下酒菜，消费价格根据其氛围、装修及服务质量有所不同
	自助餐馆（Self-Service）	有 Ciao 等自助连锁餐馆，通常用餐环境干净，价格实惠，可供选择的菜也比较多
	Tavola Calda	类似于自助餐厅，桌上提前准备好饭菜，直接从中选择即可
中高价位餐厅	正式餐厅（Ristorante）	从中档店到高档店有多种选择，通常装修豪华，服务周到，价格也较贵。若要去一些受欢迎的餐厅或是高档餐厅用餐，最好事先预约好

▲意大利常见餐馆一览

tips

1 可到超市寻找美食
如果你嫌以上种类的餐厅都不够便宜，那么意大利的超级市场会是不错的选择。大一点的超市，如 Standa、Esselunga、Sam 等都有熟食柜，可购买前菜或海鲜饭，或是买意大利熏肉、面包、自制意大利三明治。

2 提前预订的情况
一些高档餐馆就餐需提前预订；在旅游旺季和热闹的节庆期间，一些热门景点附近的餐馆需提前预订。

★ 寻找餐馆集中区及本土餐馆

罗马

在罗马，年轻人喜欢的餐厅多集中在纳沃纳广场、鲜花广场和特米尼火车站东侧的罗马大学周围以及台伯河沿岸一带，其中纳沃纳广场西侧有很多价格实惠的餐馆，台伯河岸区就餐场所多样，中央火车站附近的就餐地点食物一般，价钱也较贵。

罗马本土餐馆		
名称	特色	资讯
Sabatini	罗马历史最悠久的意大利餐厅之一，这里精心烹制的意大利海鲜面、意大利奶酪饼、意大利烩饭都是老顾客最爱的地道罗马美食	地址：Piazza di Santa Maria in Trastevere 13 交通：乘坐 75、280 路公交车到 Via S. Francesco a Ripa，步行可达 网址：www.ristorantisabatini.com
The Library	罗马当地受欢迎的个性餐厅，内部装饰有点随性但又不失品位，营造出极为轻松的就餐氛围	地址：Vicolo della Cancelleria 7 交通：乘坐 64 路公交车到 Gioberti 学校下，步行可达
Pizzeria da Vittorio	台伯河区人气颇高的意式比萨店，前来就餐的客人以 20 来岁的年轻人为主。这里所提供的比萨为意大利传统的厚比萨，其丰富馅料与筋道的口感让人百吃不厌	地址：Via di San Cosimato 14 交通：乘坐 23、280 路公交车到 Viale Trastevere，往 S.Cosimato 广场方向步行可达 网址：www.davittorioatrastevere.it

续表

名称	特色	资讯
Gusto	典型的罗马风味的餐厅，物美价廉，是罗马年轻时尚一族最爱光顾的创意餐厅之一。这里不仅有多款意式比萨，还有众多其他意大利美食	地址：Piazza Augusto Imperatore 9 交通：乘坐地铁 A 线至 Spagna 站，往 Via della Frezza 方向步行可达 网址：gusto.it
Gelateria della Palma	供应的冰激凌超过 150 种口味，还有美味的 Semifreddi 和冰冻的酸奶。这里营业到很晚，距离万神殿很近	地址：Via della Maddalena 19/23 交通：搭乘公交 116/116T 于 Santa Chiara 下车，向北步行约 6 分钟 网址：www.dellapalma.it

米兰

大部分高档餐厅位于米兰市中心，而比较传统和受欢迎的餐厅多位于布雷拉和纳维利区。如果想寻找传统的 Trattoria 餐厅，可去火车站南边以及布宜诺斯艾利斯大街一带。

米兰本土餐馆

名称	特色	资讯
Boeucc	历史悠久的贵族餐厅，装修豪华并带有庭院，曾被评为"全球最贵的十家餐厅"之一	地址：Piazza Belgioioso 2 电话：02-76020224 网址：www.boeucc.it
Da Vic-Ristorante Guerrini	餐馆小而舒适，服务很好，开胃菜值得推荐	地址：Via Gaetano Previati 21 电话：02-43515186
Nerino Dieci	餐厅很时尚，价格也非常实惠。这里总是有很多人前来就餐，尽量提前预订	地址：Via Nerino,10 电话：02-39831019 网址：nerinodieci.it
Premiata Pizzeria	这是一家很受欢迎的比萨店，除了比萨，还有丰富的面食和肉食供应，如果食欲不是非常好，还可选择沙拉或干酪	地址：Via De Amicis 22 电话：800-926002 网址：www.premiatapizzeriamilano.it
Il Verdi	最受欢迎的菜是意大利调味饭和配蟹肉和鳄梨的沙拉，种类繁多的酒也很美味	地址：Brighton Ave & Boardwalk 电话：02-6590797

佛罗伦萨

市区内有很多热闹的就餐地，当地人公认的美食区是圣十字广场区域。

佛罗伦萨本土餐馆

名称	特色	资讯
IL Latini	有著名的佛罗伦萨T骨牛排，去之前一定要打电话预约	地址：Via del Palchetti 6r 电话：055-210916 网址：www.illatini.com
Buca Mario	在轻松的气氛里可以品尝可口的佛罗伦萨菜和葡萄酒	地址：Piazza Ottaviani 16r 电话：055-214179 营业时间：12:30~14:30、19:30~22:45
La Fontini	食材丰富，菜肴的口感上乘	地址：Via Nazionale,79r 电话：055-282106
Napoleone	有一个向外凸起到停车场的露台，深受佛罗伦萨年轻人的喜欢	地址：Piazza del Carmine 24 电话：055-281015 营业时间：19:00至次日12:30
Olio & Convivium	这里的15欧元的午间套餐包含一个冷盘、葡萄酒、水和甜点	地址：Via di Santo Spirito 4 电话：055-2658198 营业时间：周一10:00~15:00，周二至周六10:00~15:00、17:30~22:30

西西里岛

西西里岛的美食区域主要集中在巴勒莫、陶尔迷等著名旅游小镇上。

西西里岛本土餐馆		
名称	特色	资讯
Capricci di Sicilia	推荐菜品有意式面、西西里卡萨塔冰激凌、高胆固醇的奶油松糕	地址：Via Instituto Pignatelli 6, Palermo 电话：091-327777
L'Acanto	新市区的典雅风格和颇具特色的饮食使得 L'Acanto 成为最时尚的餐馆之一	地址：Via Torrearsa 10, Palermo 电话：091-320444
Vecchia Taormina	消费不算太高的餐馆，美食包括美味的意大利冷盘、几种凉拌菜还有口味独特的比萨	地址：Vico Ebrei 3, Taormina 电话：094-2625589
Al Duomo	提供各种优质的海鲜食物，包括蚌类烧烤和像番茄炖羊肉之类的具有乡村气息的菜肴	地址：Vico Ebrei 11, Taormina 电话：094-2625656

tips

推荐几个当地著名的美食网站：www.italyfoodtour.com（意大利美食介绍）、www.italyfoodculture.com（意大利美食文化介绍）、www.deliciousitaly.com（意大利美食和旅行指南）。

 管家提示

意大利餐馆的营业时间一般为 12:00~14:30、19:00~24:00。每个餐馆的关闭时间不同，一般是周末或周一关闭。此外，要注意，意大利的咖啡馆、餐馆和其他公共场所禁止吸烟，如果违规吸烟，会被罚款。

NO.3 怎样看懂菜单

过来人经验谈

 相约在路上·男·自由职业者·热爱旅游，旅游经验丰富

意大利餐馆大多提供意大利文菜单，在罗马、米兰等大一些的城市有些地方有意英双语的菜单，不过小镇就不好说了。甚至有一些菜单连图片都没有，蒙都不好蒙，还好有朋友懂一点技巧，总体来说，菜点的还是很成功的。

 浅茉儿·女·摄影师·视角独特，善于发现新事物

来到餐馆就餐的时候，已经排了很长的队，还好提前在网上预约好了，还提前把这家餐厅的菜单翻译成了中文，因而点菜还比较顺利。

★ **意大利人一日四餐吃什么**

意大利人习惯一天吃四餐，包括早餐（Colazione）、午餐（Pranzo）、餐前酒（Aperitivo）及晚餐（Cena）。其中早餐吃得比较简单；午餐是一天中的主餐，吃得比较丰盛；餐前酒和晚餐相对于午餐来说比较简单。

PART 4

吃货教你吃「意」餐

意大利人的一日四餐		
餐次	时间	饮食
早餐	8:00 左右	一般包括牛奶、咖啡、饼干、糕点（羊角面包、甜甜圈）、烤面包、果酱、酸奶和橙汁
午餐	12:00 ~ 14:30，很多人习惯下午 1:00 后用餐	吃意大利比萨、三明治；或者是吃沙拉和意大利面、意大利烩饭之类
餐前酒	17:00 ~ 20:00	到小酒馆喝点酒，吃些点心。通常点一杯酒，商家就会免费提供一些小点心
晚餐	19:30 ~ 23:00	一般会点一道主菜，第二道主菜可点可不点，餐后还可以点一些甜点

★ 像当地人一样去点餐

用餐礼仪

1. 意大利还是挺注重穿着的，所以上餐馆最好穿戴整齐。

2. 进意大利餐厅时，一定要先向店家打招呼，可以说"Buon giomo"或"Buona sera"，这是基本礼仪。

3. 在餐厅中喝汤要注意用汤匙从里往外舀着喝，不要端起汤盘直接饮用，且在饮用时不要发出声音。

4. 面包通常搭配黄油吃，在品尝时先将面包掰成几小块，然后抹上黄油，抹一块吃一块，不要整块面包抹上黄油吃。

5. 在选红酒无从下手时，可找服务员为你推荐，可在点完某道菜之后，问一下："Potrebbe consigliarmi un vino adatto?（适合这种菜的红酒是什么？）"

6. 意大利人对喝酒比较讲究，一般在吃饭前喝一些开胃酒，席间视菜色不同选择不同酒。通常吃鱼时喝白酒，吃肉时喝红葡萄酒，饭后还会饮用少量烈性酒。要注意，意大利人喝酒时没有劝酒的习惯。

7. 吃意大利面时，意大利人习惯先用餐叉和餐勺将酱汁、奶酪与面搅匀，在吃的时候只用叉子。此外，注意不要就着意大利面吃面包，而应在吃完面之后用面包将盘子里剩余的酱汁抹干净。

▲意大利用餐礼仪示意图

用餐流程

1 开胃菜

意大利人在就餐前会选择一些开胃菜（Antipasto），开胃菜是一顿饭的前导，通常分量少而精致，如果感觉一盘不够还可以再点一盘。有些开胃菜不会在意大利的菜单中列出来，而是提前放在餐厅柜台上，由客人直接看着点。其中冷的开胃菜由侍者直接帮你端上桌，而热的开胃菜还需加热后才可食用，只要耐心等待即可。

2 第一道主菜

接着点第一道主菜（Primo），主要包括汤、面食、烩饭、玉米糕或比萨。要注意，在意大利菜中，意大利面通常被看成汤，所以原则上这两道菜不一起点。

3 第二道主菜

第二道主菜（Secondo）包括各种鱼类和肉类，还会有一些烤蔬菜、沙拉之类的配菜。

4 点佐餐酒

在吃意大利菜时，一般要佐以葡萄酒（Vino）。通常口味重的牛、羊、猪肉配红葡萄酒，口味清淡的鸡肉、海鲜类配白葡萄酒。

5 水果或甜点

吃完菜后，服务员通常会问你是否需要水果（Frutta）或甜点（Dolce）。

6 付账

用完餐之后，可叫服务员过来结账。然后看看账单是否包含服务费，如果不包含则需支付小费。

7 付小费

小费可以随意给，但是不要给一大堆零钱，显得不礼貌。如果用信用卡付款，则可在小费栏填写好所要支付的小费金额。服务生通常会将信用卡拿到柜台刷卡，有些人也会直接拿刷卡机过来刷卡。

学会看正式餐厅菜单

- 比萨
- 三明治
- 饮料
- 甜点
- 酒类
- 开胃菜
- 汤和沙拉
- 特色菜
- 海鲜

🎩 管家提示

在用餐后，可以跟当地人一样喝一杯浓缩咖啡或者泡沫咖啡，还可以搭配一些杏仁曲奇。要注意，意大利菜的分量较大，为了避免浪费，几道菜可以分开点，也可以几个人分吃一整套意大利餐。点了第一道主菜后，如果已经吃饱，则不用点第二道主菜和甜点了。

NO.4 结账时如何付费

 过来人经验谈

 **无畏的旅行者·男·公司总经理·喜欢从旅游中感受生活**

在餐馆吃了简餐，总共花了50欧元，因为餐馆的结账清单上写着1.5欧/人的座位费，所以就没有再次支付小费。

 Love Baby·女·时尚辣妈·有丰富的亲子游经验

在意大利的餐厅吃饭，虽然餐厅不会强制收取小费，但付小费就像是约定俗成的规矩，看旁边的人都付了小费，我们也不好意思不给。让我感到不可思议的是，竟然收了7欧元的小费，我也是无语了。

PART 4 吃货教你吃「意」餐

★ 结账方式的选择

一般的餐厅是在顾客用餐完毕后，由侍者递上账单，你可以直接用现金支付。如果使用信用卡支付，侍者会先拿走账单和卡，刷卡后退回信用卡以及要求顾客签字的账单栏。这个账单栏上有要求顾客手写的小费金额以及小费和消费的总金额，然后签字生效。顾客可以在小费金额栏里填上相应的数字，也可以把这个区域划掉，只签实际消费额，并以现金方式支付小费（夹在账本里或者留在餐桌上）。刷卡后签了字就可以起身走了，不用等服务员回来取单。

★ 小费如何支付

在意大利餐馆里，客人最多给 10% 的小费。在咖啡馆或酒吧中，一般酒台上放着供人们放小费的小盘子。当然，如果账单中包含服务费则不需要再支付小费了。

 管家提示

在意大利就餐一般给 10% 的小费就足够了，不用支付的太多。像饮食店之类的就餐地可以不用支付小费。

科莫湖畔的餐厅

Part 5
意大利扫货
必备攻略

NO.1 买什么最地道

过来人经验谈

 Potential Stocks · 女 · 设计师 · 喜欢追求新鲜事物

在 7 月折扣季，我们早早出发前往佛罗伦萨的 The Mall 折扣村，开启了一次疯狂的血拼之旅。因为折扣季刚开始没多久，所以大多数商品都是 50% 的折扣，再加上满 155 欧元就可以退税的诱惑，让我们购物的欲望十分强烈。进入 The Mall，感觉环境不错，都是中高档品牌。在这里，我们买了阿玛尼的墨镜，还有博柏利（Burberry）的背包，大概花了 700 欧元。本来还想到古驰和普拉达逛逛，可是排队的人实在是太多了，想进去都不容易，发现里面有不少中国人，有些服务员都会些简单的中文，如买单、退税、刷信用卡、看护照等。

 Love Baby · 女 · 时尚辣妈 · 有丰富的亲子游经验

我在出境前就列了一整页的购物清单，在前往折扣村的路上，我还不断提醒老公我想要着重看的品牌，并不断说下车后去各个品牌的顺序，麦丝玛拉（MaxMara）、菲拉格慕、古驰等。虽然想尽情购物，但是考虑到孩子的耐心，我只能集中逛自己提前列下来的品牌。总的来说，收获还不小。

> ★ **本土品牌**

意大利著名的奢侈品品牌	
名称	信息
普拉达（Prada）	意大利时尚奢侈品牌，由玛丽奥·普拉达于1913年创建。提供男女时装、皮具、鞋子、眼镜及香水，其成熟庄重又非常典雅的风韵，能时刻吸引人们的目光。还提供量身定制服务
缪缪（Miu Miu）	普拉达的少女副线品牌，成立于1993年，商品优雅精致且不乏趣味，常通过具备突破意义的广告大片及故事短片系列，使品牌完美呈现现代女性特质
古驰（Gucci）	1921年创立于佛罗伦萨，是全球卓越的奢华精品品牌之一，以其独特的创意以及精良的工艺闻名于世，现在是意大利最大的时装集团
宝缇嘉（Bottega Veneta）	意大利奢侈品牌，向来以其"低调的高贵"备受赞誉。产品由最初的皮包扩展至服装、高级珠宝、眼镜、香水及家居用品等不同领域
范思哲（Versace）	意大利知名的奢侈品牌，其时尚产品渗透了时装、香水、眼镜、领带、皮件、包袋、瓷器、玻璃器皿、丝巾、羽绒制品、家居产品等生活的每个领域
杜嘉班纳（Dolce&Gabbana)	总部位于米兰，如今已成为奢侈品领域中最主要的国际集团之一。D&G作为杜嘉班纳的副线，其风头已经大大超过了它的一线品牌
萨尔瓦多·菲拉格慕（Salvatore Ferragamo）	以制鞋起家，华贵典雅，以传统的手工设计和新颖的款式誉满全球，奥黛丽·赫本、苏菲亚·罗兰、玛丽莲·梦露等都曾是其忠实的支持者
芬迪（Fendi）	意大利著名的奢侈品牌，专门生产高品质的毛皮制品，包括皮草用品、高级时装、时尚包具、男女配饰等
乔治·阿玛尼（Giorgio Armani）	高级定制和高级成衣奢侈品牌，为中性风格，品质优良
宝格丽（BVLGARI）	华丽的意大利高级珠宝品牌，源自古希腊罗马文化精髓，设计大胆独特，流露出尊贵的古典美
华伦天奴（Valentino）	全球高级定制和高级成衣奢侈品牌，单单名字就让人感受到其所具有的罗马贵族气息

PART 5

意大利扫货必备攻略

意大利著名的潮流品牌

名称	信息
卡帕（Kappa）	主要商品针对体育用品市场而设计，是著名的运动装品牌之一，南非和牙买加等球队都是其忠实支持者
欧时力（Ochirly）	主要服务对象为成熟、自信、独立、高贵、大方的时代女性，在女装市场享有一定的知名度和美誉度
MAX&Co	意大利著名品牌 Max Mara 旗下的一个子品牌，主要为年轻时髦的女性提供个性的时装和配饰系列
保罗与鲨鱼（Paul&Shark）	世界著名的休闲服饰品牌，服饰标志为鲨鱼，体现了自由、休闲和优雅的风格
贝纳通(Benetton)	最初以生产手工编织套衫为主，现有休闲服、化妆品、玩具、泳装、眼镜、手表、文具、内衣、鞋等
费列罗（Ferrero Rocher）	著名的费列罗巧克力是享誉全球的著名品牌
斐乐（Fila）	世界前十位的运动品牌，明快大胆的设计风格、卓尔不群的高雅气质和独特的产品功效使其誉满全球

★ 特产

威尼斯面具

有着悠久的历史，一幅精巧且细致的面具是威尼斯狂欢节上的必备物品。

玻璃制品

威尼斯"玻璃岛"上的玻璃制品晶莹剔透，造型多样，很适合买来做纪念品。

巧克力

意大利的佩鲁吉亚是有名的"巧克力之城"，这里的巧克力花样繁多，种类齐全。

奶酪

有几种意大利奶酪非常有名气，其中被称为"奶酪之王"的 Parmigiano Reggiano，是世界上最古老的一种奶酪。

服饰、皮具

意大利是多个国际知名品牌服饰的发源地，同时这里的皮具也以其精良的制作工艺在国际上享有盛誉。

红勤酒

佛罗伦萨的红勤酒是全世界有名的意大利葡萄酒，独有的黑鸡标志非常醒目。

★ 化妆品

护肤品

雅诗·兰黛（Estee Lauder）：全球最大的护肤、化妆品和香水公司，主题产品有护肤品、彩妆和香氛产品。

兰蔻（Lancôme）：法国的世界顶级化妆品牌。

德丽芙（Doliva）：全球知名的橄榄油护肤品牌。

Bottega Verde：意大利纯天然护肤品牌。

宝柏（Pupa）：来自意大利的彩妆品牌。

香水

意大利的一些大牌，如普拉达、宝格丽、范思哲、阿玛尼、古驰等都有优质的香水提供。

★ 服装

除了"本土品牌"中提到的著名服装品牌外，还有一些当地受欢迎的品牌。

意大利时装品牌

米索尼（Missoni）、莫斯奇诺（Moschino）、杰尼亚（Zegna）、奇安弗兰科·弗雷（Gianfranco Ferre）、罗伯特·卡沃利（Roberto Cavalli）、阿尔伯特·菲尔蒂（Alberta Ferretti）、璞琪（Emilio Pucci）、米索尼（Missoni）等。

意大利休闲品牌

迪赛（Disel）、迪赛黑金（Diesel Black Gold）、甜蜜年代（Sweet Years）、罗妮莎（Marisa）、朗维高（La Vico）、爱丽娜米罗（Elena Mirò）、佛伦派克（Fulenpak）。

意大利运动品牌

乐途（Lotto）、艾力士（Ellesse）、斐乐（Fila）、迪亚多纳（diadora）。

 管家提示

意大利每年有两次折扣季，冬季从1月初开始，时间约1个月，夏季从7月上旬开始到整个8月。此时，很多品牌商品折扣非常低，通常会打到7折至5折，有的甚至1折销售，受欢迎的商店减价时从早晨开始就有人排队等候。各城市之间的打折时间相差1周左右，购物可先从米兰开始，然后再到罗马、佛罗伦萨。

NO.2 去哪里买最合适

 **过来人经验谈**

快乐旅程·男·公司职员·无甚旅行经验

罗马的西班牙广场很热闹，对面是购物区，有很多人，我也去凑了凑热闹。第一次看到这么多名牌店，真开了眼界，但是认识的牌子没有几个。相对于那些不认识的名牌店，我还是对旁边的打折小店比较感兴趣。一路慢慢逛着就在不知不觉中来到了人民广场。

浅茉儿·女·摄影师·视角独特，善于发现新事物

我们在游览了米兰之后，乘车去了附近的 The Place 购物。这里的主要品牌是古驰（Gucci）和杰尼亚（Zegna），大多数人最先聚集的地方是古驰。不过无论是哪个牌子，都要排队，还好遇到了一对好心的夫妻，他们两人一人排一队，后来让了一个位置给我们，真是感谢啊。

★ **购物场所**

意大利是时尚购物天堂，这里不仅拥有可供消费的购物地，还有许多高品质商品设计的原厂家。意大利主要的购物场所包括购物中心、百货商店、市场及市集、折扣村。

意大利购物地一览

购物中心

特色: 意大利的购物中心中主要是一些名品店以及精品专卖店,一般以购物街的形式分布。在这些商店购物,一般不能够讨价还价

场所推荐: 罗马的西班牙广场及纳沃纳广场附近、Parco Leonardo;米兰中心购物长廊、马堤欧地大道;格兰奇购物中心等

百货商店

特色: 百货商店众多,内部物品种类多样,从服饰、珠宝到化妆品、家居物品应有尽有

场所推荐: Coin 以及 La Rinascente 是意大利主要的两个连锁百货商店,大多数分店都在意大利一些比较重要的城市以及比较繁华的区域

超市

特色: 意大利的超市比较多,肉类、蔬菜、三明治等物品齐全,跟国内的大型超市类似,时常有优惠,价格也不算贵

场所推荐: Esselunga、Coop、LIDI

市场、市集

特色: 热闹的市场、市集是非常适合淘宝的地方,出售很多有趣的东西,包括各种小工艺品、二手货、古董等,在购物的同时还可感受当地的风土人情

场所推荐: 罗马鲜花广场市集、Via Sannio 市场;米兰纳维利运河市集、古董市场;佛罗伦萨圣罗伦佐市场

折扣区

特色: 意大利一些大城市周边建有折扣区(Outlet),在那里有古驰、普拉达、缪缪、乔治·阿玛尼等国际一线品牌,且全年有很大折扣,往往能以少于国内一半的价格买到

场所推荐: 佛罗伦萨 Prada Space、The Mall、Space Outlet;米兰 Fidenza Village、Serravalle Designerce、阿玛尼工厂店;威尼斯 Noventa di Piave Designer Outlet

> **tips**
> 意大利商店的营业时间一般为 9:30~13:00、15:30~20:00,主要的观光区附近的购物场所中午不休息;有些商店可能只有下午营业。意大利的大部分城镇都有连锁店,通常周一至周六 9:00~20:00 不间断营业。音像店和书店有时候在 20:00 以后和周日也营业。

PART 5 意大利扫货必备攻略

意大利热门城市主要购物中心资讯

罗马主要购物地点资讯

名称	简介	地址	营业时间/交通
西班牙广场	广场一带的著名购物街有Condotti、Borgognona、Frattina等，聚集了世界顶级名牌，包括LV、麦丝·玛拉古驰、普拉达、博柏利、阿玛尼等	Piazza di Spagna	乘坐地铁A线至Spagna站下，步行可达
纳沃纳广场	Santa Maria Novella、Ai Monasteri是罗马当地拥有百余年历史的老字号药妆店；Via dei Banchi Nuovi、Via del Governo Vecchio有很多二手商品专卖店和特色手工制作小店	Piazza Navona	乘坐81、492路公交车到Corso Rinascimento站
波特塞门市场	罗马规模最大的露天杂货市集，当地人眼中的"宝库"	Via di Porta Portese	周日6:30~13:30
鲜花广场市集	罗马最富生命力的集市，是采购新鲜水果、蔬菜及日用品的好去处，也是游客近距离体验罗马原汁原味的市集文化的绝佳途径	Piazza Campo de' Fiori	乘坐64路公交车到Vittorio Emanuelell站，下车步行可达
Via Sannio市场	这里有一些廉价的鞋子和衣服，是令人心动的淘宝地	San Gionanni Metro station A线上	周一至周六9:00~13:00
La Rinascente	该百货公司共6层，地下一楼卖女性睡衣等，地上一楼有女性香水、化妆品、饰品，二楼、三楼及四楼分别卖男装、女装	Via del Corso	乘坐53、63、83、92路公交车在Salaria-Aniene站可到
Furla	专营时尚配饰的商店，无论是时尚包包、很有品位的鞋子，还是韵味十足的太阳镜或制作精致的手表，都能很好地满足你的需求	Piazza Di Spagna 22, Tridente	乘坐地铁至Spagna站下车可到

米兰主要购物地点资讯

名称	简介	地址	营业时间/交通
米兰黄金四角区	包括蒙特阿波利街（via Montenapoleone）、圣安德烈街（via S.Andrea）、史皮卡大道（viadellaSpiga）和鲍格斯皮索（Borgospesso）	大教堂广场附近	乘地铁1号线在San Babila站下可到蒙特阿波利街

续表

名称	简介	地址	营业时间/交通
Fidenza Village	拥有100多家精品店，出售各式各样的奢侈品，如阿玛尼、范思哲、芙拉（Furla）、楚萨迪（Trussardi Jeans）、兰尼菲诗·安格力可（Lanificio Angelico）和西蒙内塔（Simonetta）	Via San Michele Campagna	10:00~20:00，12月25日至12月26日、1月1日不营业
Serravalle Designer	专卖店数量可达200余家，品牌180多个，折扣村大门入口处有个咨询处，游客可以在这里咨询，也可以拿折扣村地图	Via della Moda 1, Serravalle Scrivia	乘坐地铁至Arquata Scriva站或Novi Ligure站下车，再改乘出租车可到
纳维利运河市集	市集上有钟表、陶瓷、珠宝、衣饰、玩具、书刊、银器、家具等出售	Via Navigli, Corsico	每月最后一个周日开放

佛罗伦萨主要购物地点资讯

名称	简介	地址	营业时间/交通
圣罗伦佐市场（Market San Lorenzo）	卖皮衣、皮鞋、皮包、皮带等皮制物品，以及纸制的文具纪念品、衣服、首饰等	花之圣母大教堂附近	乘公交车C1线至San Lorenzo站下可到
The Mall	由世界著名奢侈品集团主管的大型奢侈品直销中心，这里商品的种类齐全，全年拥有3~5折的优惠	Via Europa,8	6~8月10:00~20:00，9月至次年5月10:00~19:00，1月1日、复活节、4月25日、5月1日、12月25~26日关闭
Space Outlet	普拉达、缪缪的工厂店，还有其副牌Car Shoe、Church's，货品比较齐全。建议在1月和7月折扣季的第二周去，此时人会相对少一些	Via dei Martelli, 38,50122 Firenze	周一至周五10:30~19:30，周六9:30~19:30，周日10:30~19:30

威尼斯主要购物地点资讯

名称	简介	地址	营业时间/网址
Murano Collezioni	这里有众多精美的玻璃组合饰品，这些饰品由穆拉诺最负盛名的四位制作者制作完成	Fondamenta Manin 1CD, Murano	周一至周六10:30~17:30
Ca'Macana	威尼斯最棒的制作和销售狂欢节面具的商店和作坊之一	Calle delle Botteghe 3172	www.camacana.com

续表

名称	简介	地址	营业时间/网址
Noventa di Piave Designer Outlet	毗邻威尼斯，集结着芬迪、保罗·史密斯（Paul Smith）、普拉达、阿玛尼等众多意大利一线高端大牌，以及德诗高（Desigual）、切瑞蒂（Curruti）等大众品牌	Via Marco Polo,1,30020 Noventa di Piave VE	周一至周日 10:00~22:00
Jesurum Outlet	自从19世纪就存在的布拉诺蕾丝和抽纱制品作坊，这个巨大的仓库提供从枕套到装饰布垫的所有针织制品	Fondamenta della Densa, Cannaregio 3219	www.jesurum.it

意大利购物网站推荐		
名称	网址	信息
Luisaviaroma	www.luisaviaroma.com	全球顶级的奢侈品购物网站，汇集了全球上百个顶级设计师系列品牌
Italy Shopping	italianshopping.org	意大利的网上商店，可选购各种有趣的意大利产品
Outlets In Italy	www.outlets-in-italy.com	意大利工厂店购物网站
Shopping Italy TV	www.shoppingitaly.tv	意大利电视购物
Factory Outlets Italy	factoryoutletsitaly.com	意大利时尚购物
eBay	www.ebay.it	意大利日常用品购物网站
EachBuyer	it.eachbuyer.com	购买电子产品的网站
Forzieri	www.forzieri.com	一个全球性的奢侈品梦工厂
Tiscali Shopping	shopping.tiscali.it	购物频道

★ **免税店**

意大利的免税店大多数在各大机场中，在不同的机场，可以淘到不一样的商品，其中有倩碧、雅诗兰黛、碧欧泉、香奈儿等多种品牌的化妆护肤产品，当然还有众多意大利当地品牌。

tips

如果条件允许，上网便利的话，也可以在当地网购，然后让他们将你所购物品快递到你所入住的酒店，十分便捷。

管家提示

在机场免税店购买的香水和其他液体的物品，在通过安全检查前，需要将其放在一个透明的袋子中，最好在机场外就提前买液体包装袋。

NO.3 砍价结账必用技

过来人经验谈

 Potential Stocks·女·设计师·喜欢追求新鲜事物

在意大利的市场上买东西一般很好砍价,有时能把价格砍下一半。其实在意大利买东西,大部分商家没有让客人砍价的意识,尤其是商场一般不讲价,有时候买多了商家心情好可能会给你一些小优惠。

★ 哪些地方可以砍价

在意大利市场上购物可以砍价,同时意大利有很多精品购物街区,其中有很多当地的大众品牌店,在其中逛街能和店家砍价,价格通常比较实惠。如果是艺术品就不要砍价了,但是如果是一些小型的工艺品店,如果你买的东西比较多,可以适当砍砍价。

★ 砍价小窍门

找对人,不要逮谁跟谁讲价,要找柜台经理,找说话算数的人;多问问题。很多大商店都有各种优惠政策。如梅西百货,对游客常有11%的减价优惠;寻找断代产品,这类产品在使用功能上没什么区别,只是样式不那么时尚,一般这种产品有很大机会享受优惠。

 管家提示

意大利大多数商店均接受信用卡支付,在刷卡购物之后尽量保留好单据,以便于核对账单。在购物时不要随意触碰商品,而且要有耐心,不要打断售货员与其他客人的谈话。

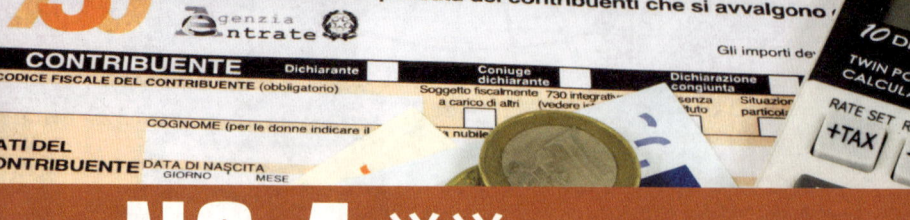

NO.4 说说退税那些事

过来人经验谈

 快乐旅程·男·公司职员·无甚旅行经验

在购物金额达到退税要求时，可向店家索要一张全球退税支票。可在购物前问清楚该店是否开退税支票，并了解清楚可享受退税的购物金额，然后再购买物品。最后将购物发票和全球退税支票一并保存好。

★ 旅行者如何退税

在标有"Tax Free"的商店里，同一天在同一商店消费154.94欧元以上，并且在3个月内离开欧盟国家，便可向售货员索取退税单(Tax Free)，在离境时便可退税了。通常意大利的一些大品牌店，如古驰、普拉达等，均可办理相关的退税手续。

1 了解退税商品

可退税物品包括服装、奢侈品、化妆品、手表、皮具及电器等。只有可以亲自携带（旅客个人行李）出境的商品，才可以申请退税。如果购买的商品无法以手提行李方式携带，需要提前联系海关进行咨询。书籍没有增值税，因而无法退税，如果同时购买其他可以退税的商品，则其销售金额也可以被计算至达到最低购买金额。

2 填写退税单

当购物金额满足退税条件，则可向店员索要一张"Tax Free"退税单，上面需要填写名字、英文地址、护照号码等相关资料。

3 退税金额

一般退税金额为总金额的11%~13%，如果金额高于一定数额，最高可拿到16%的退款。

4 退税方式

退税时,你可以选择现金退税和信用卡退税。有些国际化机场柜台或退税代理处可办理现金退税,在办理退税时会收取额外的手续费。如果机场现金退税排队很长,建议采用信用卡退税。如果想要使用信用卡退税,需将填写完整并盖过章的退税单邮寄到处理中心,这样便可以用信用卡的退款方式收到退税费用。

机场退税流程

退税一般在机场办理,在离开意大利之前、办好登记手续后的这段时间办理。

1. 在机场的海关办公室Customs,会有海关人员查看税务发票和相应物品。海关人员核查后,会在发票上盖上TRS章(即旅客退税方案的印章),没有海关盖章则无法退税;

2. 在出发大厅办理登机牌和正常的行李托运;

3. 过安检,出示护照、机票、登机牌、离境卡;

4. 到负责旅客退税的TRS办公室,出示已盖章的发票、护照、登机牌,进行退税。

tips

在意大利离境时,将需要退税的物品集中放在一个购物袋中,这样会比较方便。如果所购买的商品太大,无法带上飞机,则可将其与寄舱行李放在一起。要注意,在托运行李前需要让海关验证这些商品。如果没有将这些商品给海关验证,海关有可能会拒绝盖章。

★ 了解意大利增值税

在意大利购物需付16%～19%的增值税,办理退税扣除手续费后,可拿回11%～13%的税金。增值税税率:时装、皮具、珠宝、纺织品、玻璃器皿、太阳镜、葡萄酒和其他酒22%;食品(肉和零食)10%;牛奶、蔬菜和水果4%。

管家提示

商店给的退税单有效期为购买月起的3个月内,你必须在购买月起的3个月内获取海关印章。如果购买金额超过20 000欧元,必须在退税单上附加上收据/发票的原件或附件,而且退税单上也须注明收据/发票号码。

撒丁岛尔切沃港购物中心

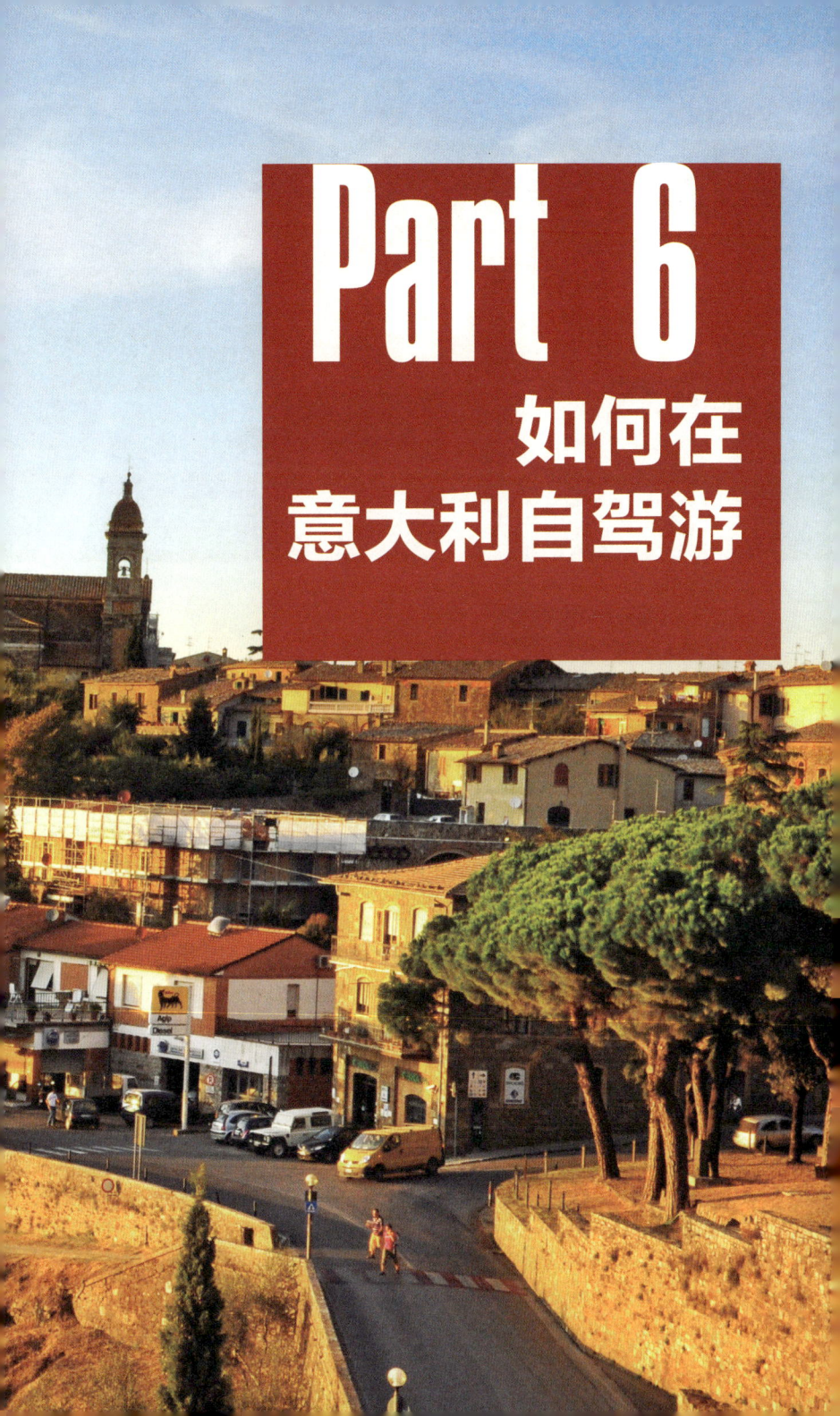

Part 6
如何在意大利自驾游

NO.1 准备

过来人经验谈

 相约在路上·男·自由职业者·热爱旅游，旅游经验丰富

意大利不承认中国驾照，如果持有国内驾照，还需要携带翻译公证件。为了保证旅行的顺畅，一定要注意遵守当地的交通规则。意大利罚款很重，罚款可高达1000欧元，所以想要到意大利自驾的朋友要多加注意了。

另外，在订车时最好说明是否需要前往其他国家，因为在其他申根国家，驾照要求会和意大利有所不同。我们就是使用的中国驾照在AVIS租车，但是不允许我们在其他国家自驾。

 无畏的旅行者·男·公司总经理·喜欢从旅游中感受生活

在意大利的高速公路上有一些很有意思的标牌，如当心鹿会跳出来、地滑、有落石等。我们当时很纠结要不要去阿马尔菲海岸，因为当时时间并不是很充裕，而且听很多朋友和攻略上说，那里自驾非常难。后来，经过一番纠结，还是在谷歌卫星地图的引领下，去到了那里。这条沿海的公路倚靠着蔚蓝色的大海，是一条很美的自驾公路，还好我们去了，才发现了那里的美好。

★ 了解意大利的公路状况

意大利的交通基础设施较齐全，高速公路网覆盖范围广阔。高速公路（Autostrada）以绿色标志标示，将意大利20个大区彼此连接起来。除了高速公路之外，国家主要公路（Strade Statali）网覆盖范围也非常广泛，以蓝色标志为标示，连接各个大区和大区内部的各个市镇。与高速公路相比，国家主要公路属二级公路，无须支付通行费；虽然这种公路行车速度比较缓慢，但可使自己的旅程变得更为舒适且富有情趣。此外，意大利还有地区公路（Strade Regionali）、省道（Strade Provinciali）和地方公路（Strade Locali）。

★ 确定行程与路线

根据在意大利旅行的时间，计算好每天大概要走的里程，提前确定自驾行程与路线。旅行日程不宜安排太满，可在自驾中间阶段安排一天进行休息调整。

1 在地图上标注游玩地点

可先在网上下载一份意大利地图，将想要去的城市和地区标注出来，勾勒出线路轮廓，完成路线初步设计。根据路线距离、在意大利的旅行时间、预算等，对目的地进行取舍。

2 每天行车里程计划

决定路线时应考虑自驾人数、线路中的道路级别、目的地等因素，还要考虑每天的行车里程。在一天的行程中，高速公路多还是普通道路多，在市内道路还是乡村小道行驶等对行程都有影响。如果驾驶者只有一人，要每隔几小时休息一次才能继续前往，两名以上驾驶者可以轮流驾车。根据每天的行车里程，再调整线路计划。

▲ 规划行车路线

tips

想要进一步了解关于天气、道路状况、高速公路通行费等方面的信息，可在位于各高速公路路口的信息咨询点（Punti Blu）处咨询，或查阅意大利高速公路协会（la Società Autostrade）的官方网站 www.autostrade.it，还可拨打道路系统信息中心的 24 小时服务热线 840-042121。

★ 买一份中英文的地图

可以到网上或书店买一份意大利最新的中英文对照地图，建议买标有公路编号的意大利地图，提前熟悉意大利线路及地形。在意大利，一些比较小的城镇可能信号比较差，万一遇上电子设备没有电的情况，即便下载了离线地图也不好使。有一份中英文纸质地图保险一些。

★ 提前做好驾照公证

在意大利自驾需要驾驶者本人护照、中国驾照、英语及意大利语翻译件（应为意大利驻外外交机构的认证翻译），同时还需在国内事先做好翻译件认证。此外，驾驶者本人还应有足够额度的信用卡。具体信息可参考意大利驻华大使馆官网 www.ambpechino.esteri.it。

tips

1 办理翻译件
可前往意大利驻华大使馆领事处办理意大利语翻译件，翻译件认证即时发放。在前往办事处办理相关业务时，要随身携带驾照正反面复印件，在复印时复印正本的正反面即可。

2 办理认证件
办理驾照认证，需准备驾照、护照、申根签证等证件及公证处出具的驾照翻译件、公证文件和公证处的介绍信。

管家提示

意大利官方宣布，中国驾照在该国不被承认，如遇事故，驾驶人的利益将不被保护。在意大利，虽然持中国驾照可以租到车，但是行驶途中有被警察罚款的风险，此风险将由自己承担，大多数租车公司不对租车人有赔付责任。所以在意大利自驾，一定要注意遵守交通规则，以免损害自身利益。此外，还可以直接发邮件去意大利使领馆询问确认相关的具体信息。

持有国际驾照在意大利自驾无疑是很方便的，但是由于中国没有加入《联合国道路交通公约》，所以无法办理国际驾照。对于那种可以代办国际驾照的广告，一定不能相信。

NO.2 租车

过来人经验谈

相约在路上·男·自由职业者·热爱旅游，旅游经验丰富

因为在国外自驾的经验比较少，而且在攻略里看到意大利对于中国驾照的限制，所以我们在出发前看了不少租车公司网站，主要比较了租租车、AVIS、Rentalcars 这几家公司，最后我们选在 Rentalcars 的网站（www.rentalcars.com）上预订了一辆自动挡车型。

后来我们了解到 Rentalcars 和 Carhire3000 是一家公司，只不过前者的总部设在香港，后者总部在英国，由于 Rentalcars 提供中文客服，所以沟通起来比较方便。我感觉这个网站的租车价格要比租租车便宜些；车型选择也比较多；还提供全面的补充全险 (Full Protection)，因而值得推荐。

Love Baby·女·时尚辣妈·有丰富的亲子游经验

我们在意大利大多数地方的旅行方式均为租车自驾，但没有选择在罗马和米兰自驾。因为这两个地方的交通十分便利，很多地方可乘坐地铁前往，而且这两个城市也有 ZTL 限制区域不能自驾。我们是之前在租租车官网 www.zuzuche.com 上预订的车，是 Maggiore 公司提供的标致 5008，车的空间很大，还是比较省油的柴油车，比较适合我们一家人自驾旅行。

PART 6 如何在意大利自驾游

★ 租车自驾需符合条件

意大利规定，租车驾驶人最低年龄是 18 岁，并且持有中国驾照 1 年以上才能在意大利租车。跟大多数欧美国家一样，年龄小于 25 岁的驾驶人，需要每天支付约 15 欧元的年轻司机风险金。

★ 车友常用的自驾租车网

开车自驾旅行是深度体验意大利自然和生活的不错方式，意大利自驾常用的预订网有 Rentalcars、Hotwire、Economycarrentals 等，通过这些租车网站，可以用最短的时间把性价比最高的车子找出来。

租车比价搜索 / 代理推荐		
名称	特色	网址
旅途客（Rentalcars）	不做实际的租车业务，对 Hertz、Avisa、Europcar、Alamo、Budet、National、Dollar、Thrifty 等租车公司的数据进行比价，能找到性价比高的车子	www.rentalcars.com
Hotwire	可比较 Alamo、Budget、Dollar、Enterprise、Europcar、Hertz、National、Thrifty 的价格	www.hotwire.com
Economycarrentals	价格比其他公司低，服务好	www.economycarrentals.com
租租车	国内租车代理，提供多国完善的租车代理服务。提供免费的 GPS 出租是一大亮点，价格有一定优势	www.zuzuche.com
信诺全球租车（Auto Europe）	提供丰富的租车信息，备选车辆多	www.autoeurope.cn
carrentals.co.uk	综合的租车价格比较网，提供很多公司的价格	www.carrentals.co.uk

tips

租车比价网站通常价格比租车公司要便宜些；选择车型也很方便。但是如果购买了补充全险，后续理赔流程相对要复杂一些，毕竟价格比较便宜。

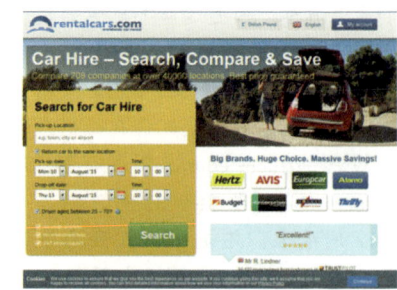

★ 学会挑选租车公司与车型

意大利的租车点有很多，除了机场外，各大公司在意大利各大城市和一些重要城镇里都设有不少租车点。租车公司车辆品种齐全，租金和保险根据车辆所属车组和尺寸而不同。最后，可通过租车选择比较表，比较各大租车公司不同车型的价格，选出最适合自己的车型。

意大利主要租车公司推荐		
名称	特色	网址
Hertz	拥有众多的车型可选择，车况较新，配备GPS，并提供短期租赁服务，如一日租、周租和月租，租车门店分布在机场、市中心、近郊的商业中心，以及居住区和旅游胜地	www.hertz.com
Avis	全球第一大汽车租赁公司，提供商务租车、旅游租车、机场租车、自驾租车、代驾汽车租赁等全方位租车服务，全球租车网点密布	www.avis.com
Thrifty	世界上最大的租车公司之一，适合于精打细算的商务人士和休闲游客	www.thrifty.com
Europcar	国际性大型汽车租赁公司，在意大利各大城市都有自己的网点	www.europcar.cn
Italy by Car	意大利当地著名的租车网站，保证较低的租车价格，选择性也比较灵活，提供Locauto、Europcar、Avis、Budget、Alamo、Hertz等公司的车辆搜索	www.deltaautonoleggio.it
Maggiore	意大利最大的租车公司之一，在意大利境内开设有150多家营业门店	www.maggiore.it

主要租车车型

车型	特色	代表
Economy（经济型）	经济型的微型车，耗油最省，最多可载4人，建议不超过3人，通常为两厢，行李箱较小，可装两件标准登机箱	雪佛兰爱唯欧、现代雅绅特、丰田雅力士
Compact（紧凑型）	适合家用，较为省油，最多可载4人，建议不超过3人，有两厢车型和三厢车型，行李箱一般可装一件大行李和一件标准登机箱	福特福克斯、道奇酷博、尼桑骐达
Standard/Intermediate（标准型/中档型）	适合家用，油耗一般，最多可载5人，建议不超过4人，多为三厢车型，行李箱可装两大件两小件行李	现代索纳塔、起亚远舰、丰田花冠
Fullsize（全尺寸）	大型轿车，适合长距离旅行，较为耗油，最多可载5人，三厢车型，行李箱可装两大件一小件行李	道奇公羊、福特金牛座、日产阿蒂玛
Luxury/Premium（豪华型）	大小与全尺寸车辆相同，配置更全面豪华，较为耗油，最多可载5人，三厢车型，行李箱可装两大件一小件行李	克莱斯勒300C、福特皇冠、克莱斯勒太平洋
Van/Minivan（面包车/小型面包车）	适合较多人数家庭出游和拼车出游，适合长距离旅行，可载7人，可装载较多行李	道奇凯领、克莱斯勒大捷龙、别克GL8
SUV（多功能运动车）	旅行用车多面手，可在路况较好的公路奔驰，也可在野地行驶，适合长距离旅行，较为耗油，按座位数可分5座和7座，可装载较多行李	M级：福特翼虎、吉普自由客；S级：大切诺基、福特探索者、雪佛兰开拓者；F级（7座）：雪佛兰Tahoe
Exotic/Special（特殊车型）	个性突出的敞篷跑车，适合风景秀丽的景区公路，最多可载4人，较为耗油，车厢紧凑，可装载两件行李	福特野马版敞篷、克莱斯勒赛百灵

tips

由于意大利对持有中国驾照自驾的游客检查比较严格，所以要找承认中国驾照及公证件的公司租车。通常Hertz的中国公司可以办理驾照认证，但是承认范围仅限Hertz所属公司，也承认中国驾照翻译公证件；Avis会租车给你，但是工作人员会告诉你，意大利警察不承认中国驾照；Sixt承认中国驾照；Local car也承认中国驾照。而Dollar、Locauto等则需要国际驾照。此外，还有些租车代理点会帮你选择承认中国驾照的租车公司，在租车之前可以提前咨询一下。如果直接在租车公司官网预订车辆，则可以给他们发邮件确认。

★ 一图学会网上租车

通过网络查询和预订是非常便捷的方式。你可以登录各租车网站了解各车型组的价格信息，查询是否有特别的优惠活动，查看目的地租车门店的分布以及是否有便捷的取车点。此后，便可选定某一租车公司并根据系统的提示进行预订。以 Thrifty（苏立夫提）租车公司为例，其对所租车辆是不限里程的。

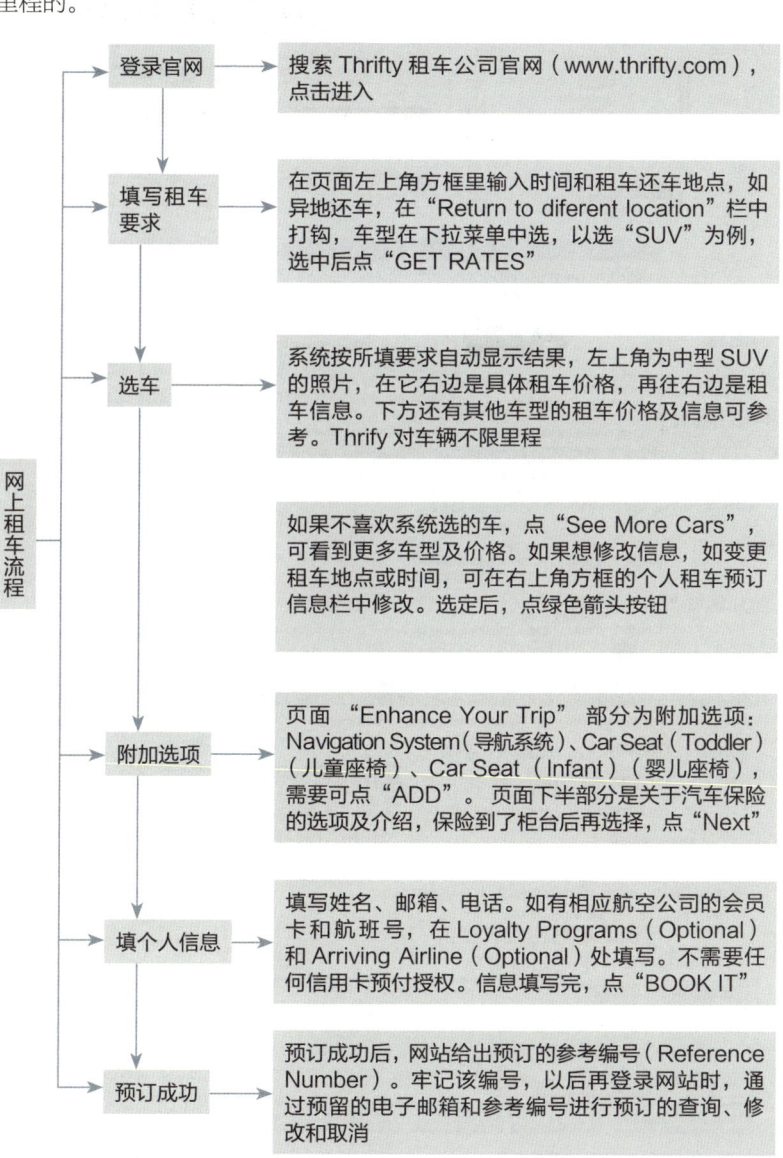

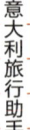

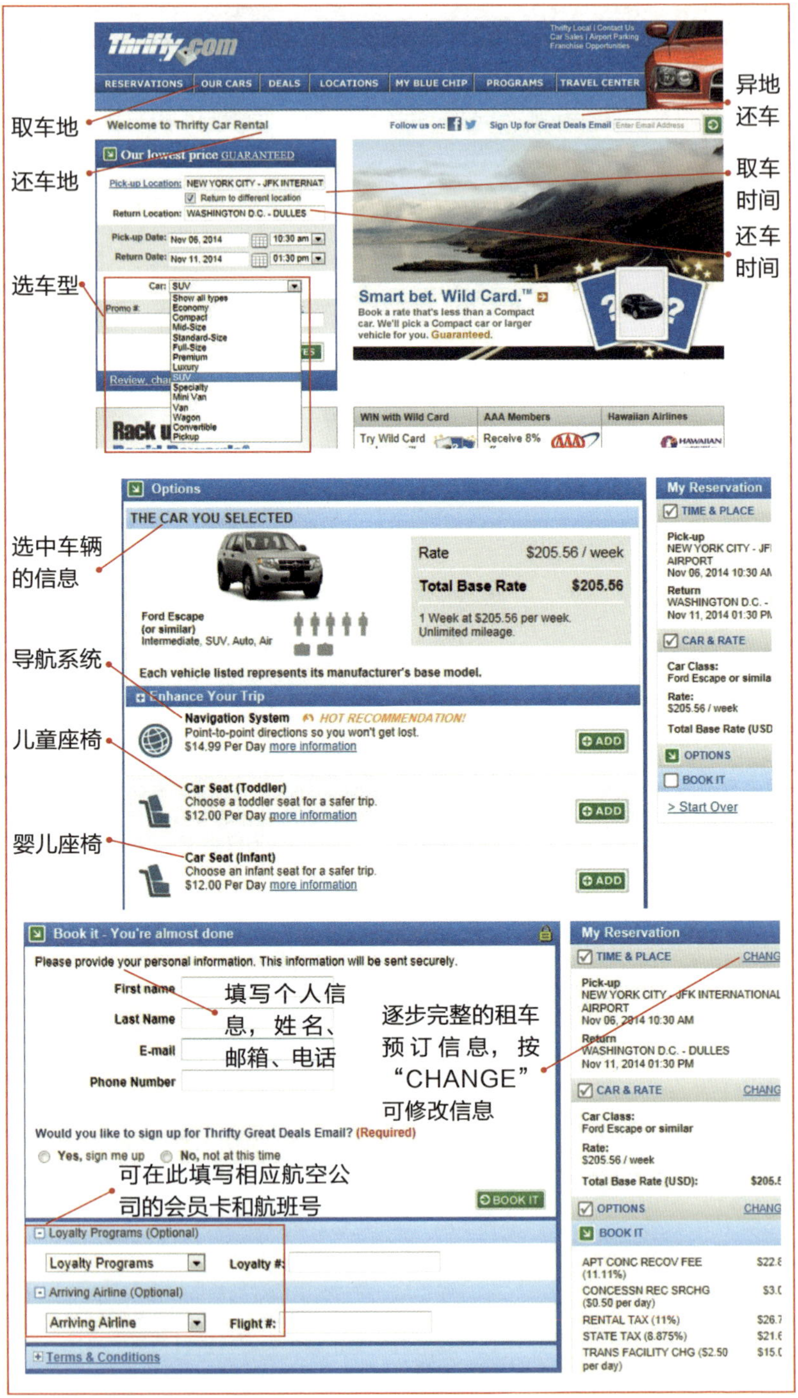
取车地
还车地
选车型
异地还车
取车时间
还车时间
Thrifty.com
RESERVATIONS
OUR CARS
DEALS
LOCATIONS
MY BLUE CHIP
PROGRAMS
TRAVEL CENTER
Welcome to Thrifty Car Rental
Follow us on:
Sign Up for Great Deals Email
Our lowest price GUARANTEED
Pick-up Location: NEW YORK CITY - JFK INTERNAT
Return to different location
Return Location: WASHINGTON D.C. - DULLES
Pick-up Date: Nov 06, 2014 10:30 am
Return Date: Nov 11, 2014 01:30 pm
Car: SUV
Show all types
Economy
Compact
Mid-Size
Standard-Size
Full-Size
Premium
Luxury
SUV
Specialty
Mini Van
Van
Wagon
Convertible
Pickup
Smart bet. Wild Card.™
Book a rate that's less than a Compact car. We'll pick a Compact car or larger vehicle for you. Guaranteed.
WIN with Wild Card
AAA Members
Hawaiian Airlines
Try Wild Card
Receive 8%
选中车辆的信息
导航系统
儿童座椅
婴儿座椅
Options
THE CAR YOU SELECTED
Rate $205.56 / week
Total Base Rate $205.56
1 Week at $205.56 per week.
Unlimited mileage.
Ford Escape
(or similar)
Intermediate, SUV, Auto, Air
Each vehicle listed represents its manufacturer's base model.
Enhance Your Trip
Navigation System HOT RECOMMENDATION!
Point-to-point directions so you won't get lost.
$14.99 Per Day more information
ADD
Car Seat (Toddler)
Choose a toddler seat for a safer trip.
$12.00 Per Day more information
ADD
Car Seat (Infant)
Choose an infant seat for a safer trip.
$12.00 Per Day more information
ADD
My Reservation
TIME & PLACE
CAR & RATE
OPTIONS
BOOK IT
> Start Over
Book it - You're almost done
Please provide your personal information. This information will be sent securely.
First name
Last Name
E-mail
Phone Number
填写个人信息，姓名、邮箱、电话
逐步完整的租车预订信息，按“CHANGE”可修改信息
Would you like to sign up for Thrifty Great Deals Email? (Required)
Yes, sign me up
No, not at this time
可在此填写相应航空公司的会员卡和航班号
BOOK IT
Loyalty Programs (Optional)
Loyalty Programs
Loyalty #:
Arriving Airline (Optional)
Arriving Airline
Flight #:
Terms & Conditions
Pick-up
NEW YORK CITY - JFK INTERNATIONAL AIRPORT
Nov 06, 2014 10:30 AM
Return
WASHINGTON D.C. - DULLES
Nov 11, 2014 01:30 PM
Car Class:
Ford Escape or similar
Rate:
$205.56 / week
Total Base Rate (USD):
APT CONC RECOV FEE (11.11%)
CONCESSN REC SRCHG ($0.50 per day)
RENTAL TAX (11%)
STATE TAX (8.875%)
TRANS FACILITY CHG ($2.50 per day)

tips

不管是租车公司网站还是代理网站，都可在上面修改或取消订单。要注意的是，国外租车公司的订单虽然在网页上有的显示为人民币，但后台均为外币（如欧元、美元、英镑等）结算，信用卡扣款时也直接扣外币金额，这就会关乎汇率的问题。此外，在折算外币金额时，使用不同的信用卡可能会收取不同金额的手续费。

管家提示

1. 在意大利租车时，要注意租车公司不接受现金和支票等，只接受信用卡。有一些租车公司要求提供信用卡号码，如果预订了却不提车，会直接从信用卡里扣除相关费用。

2. 如果旅行计划有更改，一定要提前2～7天取消预订。

3. 选择连锁的正规公司租车，车若出了故障或被撞坏可以直接打电话给租车公司，要求其为你修理。

4. 尽管在意大利租车多数不限制里程，但还要注意问问所选择的租车车型是否有里程限制。

5. 车行的工作人员多数会推销增值服务或其他保险，若你感觉不需要，可以拒绝购买，注意不要在未认可的单据上签字。

NO.3 提车

 过来人经验谈

 相约在路上·男·自由职业者·热爱旅游，旅游经验丰富

要注意，在提车时须持有"双认证"（即中国驾照的公证与意大利使馆签发的意大利文公证）。租车前一定要提前确认好，不要等到提车时被告知不行造成不必要的麻烦。曾经去意大利自驾的一个朋友说在租车网站上选择了一家当地公司的车，当时没有太留意，等到他们到罗马机场柜台取车时，租车公司的人说，没有意大利文公证件不能租车，这让他们非常沮丧。

 无畏的旅行者·男·公司总经理·喜欢从旅游中感受生活

在提车时，一定要注意查看给你的车辆是否完好，如果有些小刮痕之类的问题，一定要告知租车公司，以免到还车时收取你的修理费。当时我们租的是 Avis 的车，发现在车门处有一条刮痕，就立刻告诉工作人员，在他们确认后，我们在相关的单子上写了具体的状况。还车的时候，他们没有进行仔细检查，只是看了下有没有明显的损坏痕迹。

★ **如何前往租车公司网点**

机场及其附近

在机场取车一般有三种方式：

1.租车公司柜台在机场航站楼内，直接办理取车手续，在机场内取车；

2.拨打提车单上的门店联系电话与租车公司工作人员联系，工作人员驾驶车辆到机场到达大厅举牌等待，现场办理租车手续；

3.乘坐免费穿梭巴士抵达机场外的租车公司门店办理取车手续。在出机场海关后，留意"Rental Car Shuttles"之类的标志牌，按照指示抵达免费穿梭巴士停靠站台，向司机出示提车单，可与同伴一起携带行李乘坐免费穿梭巴士抵达车行门店。

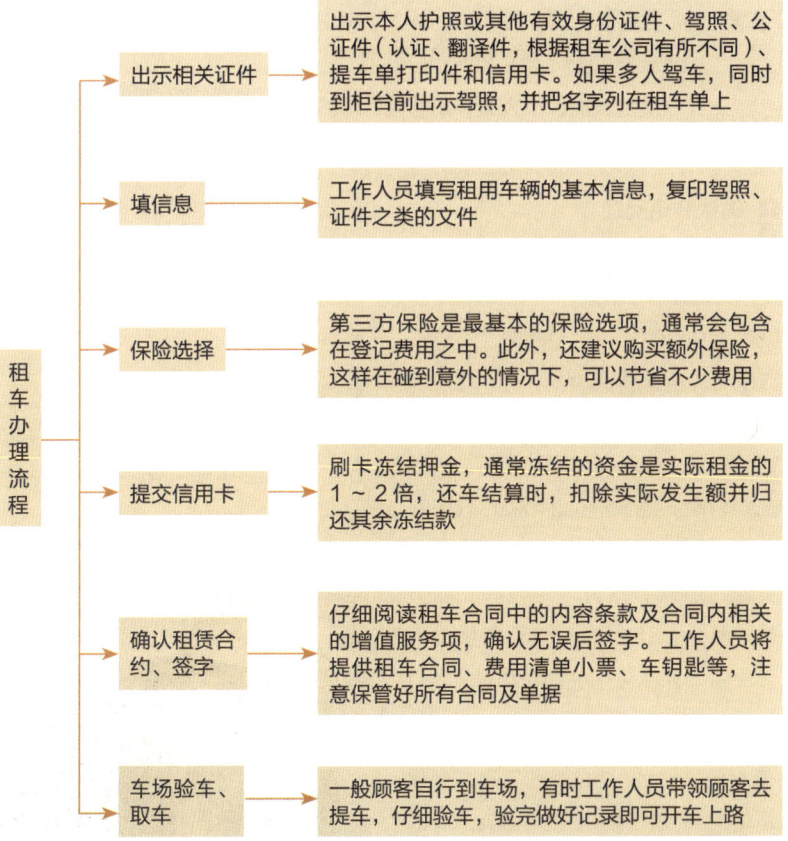

市区及下榻酒店附近

可选择到离住宿酒店较近的门店取车，价格相对便宜。市区有的门店在工作时间会提供一定范围内的送车服务，需提供具体时间和地点。

★ 一图学会办理手续

根据订单提供的信息，找到租车公司营业柜台或门店，即可办理相关手续。

租车办理流程：

- **出示相关证件** → 出示本人护照或其他有效身份证件、驾照、公证件（认证、翻译件，根据租车公司有所不同）、提车单打印件和信用卡。如果多人驾车，同时到柜台前出示驾照，并把名字列在租车单上

- **填信息** → 工作人员填写租用车辆的基本信息，复印驾照、证件之类的文件

- **保险选择** → 第三方保险是最基本的保险选项，通常会包含在登记费用之中。此外，还建议购买额外保险，这样在碰到意外的情况下，可以节省不少费用

- **提交信用卡** → 刷卡冻结押金，通常冻结的资金是实际租金的1～2倍，还车结算时，扣除实际发生额并归还其余冻结款

- **确认租赁合约、签字** → 仔细阅读租车合同中的内容条款及合同内相关的增值服务项，确认无误后签字。工作人员将提供租车合同、费用清单小票、车钥匙等，注意保管好所有合同及单据

- **车场验车、取车** → 一般顾客自行到车场，有时工作人员带领顾客去提车，仔细验车，验完做好记录即可开车上路

PART 6 如何在意大利自驾游

★ 提车注意事项

1 准备好必备证件

在意大利提车时,需要准备好护照及驾照原件、公证书等必备证件,然后到相应的取车地点取车。如果这些材料准备不齐全,租车公司有各种理由拒绝租车给你。在租借的时候,确认好租借的天数、停靠的地方、联系方式、车辆证件及资料等。

2 保险

租车时千万要买保险,租车公司的工作人员会解释保险的事情,如果购买了海外旅游意外险,可以考虑不再购买租车公司提供的顾客财产损失险。有很多信用卡公司的服务包括车险这一项,如果使用该信用卡租车,就不需要买车险,可提前跟信用卡公司确定。

保险信息		
保险类型	包括内容	备注
基本保险	碰撞险(Collision Damage Waiver)、盗窃险(Theft Protection)、第三者责任险(3rd Party Liability)	这些保险通常在保险订单之中,无须额外付款
补充保险	道路救援、个人意外伤害险、车内财物盗窃险等	在基本保险的基础上额外追加的保险,可根据自身情况选择

3 确认油箱问题

租赁公司的车辆都是加满油的,如果你选择"空箱租(We Refill)"就需要先支付一箱汽油钱,还车的时候有多少油都无所谓。如果是"满箱租(Your Refill)",则不需要先支付油费,还车时加满油即可,不然就要付费;若把未加满油的汽车开回门店,除了要支付未满部分的油费外,还需要支付一定数额的服务费。此外,还要确认油箱容量及汽车使用哪种油(柴油还是汽油)。

4 特殊装备

GPS 导航仪是必带的工具,多数公司的 GPS 可提供中文导航,可以在预订或取车时索取。此外,如果携带儿童,还需有儿童或婴儿座椅,一般租车公司均可提供,不过都需要额外付费。

5 验车

验车时,注意检查车辆是否有损坏、行车手续是否齐全。一旦发现相关问题,需及时向工作人员反映,以避免不必要的后续纠纷问题。

检查问题		
车辆是否有损伤、划痕、凹陷	有	无
油箱是否满油	有	无
车灯、转弯提示灯、雨刷是否可以正常使用	有	无
仪表盘上是否有不正常的指示灯	有	无
是否有备用轮胎、警示三角架、停车计时器	有	无
车外是否干净	有	无
行驶证、汽车说明书、联系方式等租车公司信息或证件是否齐全	有	无

 管家提示

如果选择机场取车,可以在下订单时将航班号提供给租车公司,这样一来如果航班短时间延误,租车公司会为你保留订单。但是如果航班延误时间很长,最好提前给租车公司打电话,告诉他们具体情况以保留车辆。此外,要注意,要在相关门店的服务时间内取车或者还车,取车后禁止在所租赁的车内吸烟。

NO.4 驾车

过来人经验谈

 相约在路上 · 男 · 自由职业者 · 热爱旅游，旅游经验丰富

意大利自驾，最让人担心的就是 ZTL 限制区域，只要看到此标志，立马掉头，千万不要进入。如果进入之后被摄像头拍摄下来，你将受到 30~150 欧元不等的罚款。我们当时就遇到了一件很麻烦的事，那就是我们所预订的酒店就位于那种区域，本来想绕进去，可是绕了半天都没有办法避开，最后只好与酒店沟通，他们告诉我们记下我们的进入时间后，他们会与警局报备，然后可消除我们进入的痕迹。

 无畏的旅行者 · 男 · 公司总经理 · 喜欢从旅游中感受生活

经过十几天的意大利自驾游，我感觉意大利的交通规则和国内相差不大。相对来说意大利驾车的司机还是比较文明的，只要提前了解并遵守当地的交通规则便问题不大。意大利郊区有很多环岛，很少有红绿灯，过路口完全靠自觉，当看到白色倒三角的让行标志时，一定要停下，以免造成事故。这里推荐一个了解意大利交通规则的网站：www.slowtrav.com/italy/driving/parking.htm。

 Love Baby · 女 · 时尚辣妈 · 有丰富的亲子游经验

意大利有很多加油站，由于我们自驾时间比较久，而且意大利地域比较狭长，所以一路下来我们加了多次油。然后我们发现意大利油价真贵啊，一些小镇一般每升油都在 1.5 欧元左右。不过，在意大利加油倒是很方便，自助加油比较便利。

★ 规划线路有张有弛

自驾线路推荐		
线路名称	特色	备注
阿马尔菲沿海公路	阿马尔菲海岸在 1997 年被联合国教科文组织称为"绝美而典型的地中海风光"。海岸车道从萨勒诺出发一直往西，沿车道行驶可路过众多村镇、通过直接贯穿悬崖的隧道、欣赏碧波荡漾的地中海风景	这里道路狭窄，交通繁忙，在此自驾须加倍小心
湖区之旅	马焦雷湖—奥尔塔湖—科莫湖	可游览湖区周围的众多小镇，如马焦雷湖西岸的斯特雷萨、科莫湖边的贝拉焦等
中部之旅	罗马—佛罗伦萨—锡耶那—比萨	游览意大利经典城市，感受浓郁的历史风情与文化
梦幻之旅	威尼斯—米兰	途经朱丽叶和罗密欧的故乡维罗纳及小提琴发源地克雷莫纳
西西里岛	可以进行环岛自驾游	着重游览巴勒莫、阿格利真托、陶尔米纳

★ 了解当地驾车习惯

意大利基本的交通规则和国内相似，跟国内一样也是靠右行驶。不过右转和左转与国内不同，右转时要看信号灯，绿灯亮时才可以右转；各路口有左转标示或左转信号灯才能左转，其他地方则默认禁止左转。禁止将车停在紧急路线上，否则你可能会被罚款或吊销驾照。在意大利严禁超速行驶，高速公路最高限速 130 千米 / 小时，行驶途中要注意高速公路上明显的限速牌和测速设备提醒装备；中速公路（Superstrada） 限速 100 千米 / 小时。

> **tips**
>
> 意大利南部的人开车速度比较快,所以在南部开时车需注意。在意大利为行人优先,车子在接近斑马线时要适当减速。

★ 熟悉当地交通规则

1 时刻注意不要误闯禁入区域

意大利几乎所有的城市、乡村都有禁入区域(意大利语 Zona Traffico Limitato,简称 ZTL)。该标志表明未经授权的车辆禁止进入,每座城镇的 ZTL 区域和限制时间不一,通常为周一至周六限制。当看到该指示牌时即表明即将进入 ZTL 区域,可转弯以免直接闯入。如果不小心闯入将会接到高额罚单。

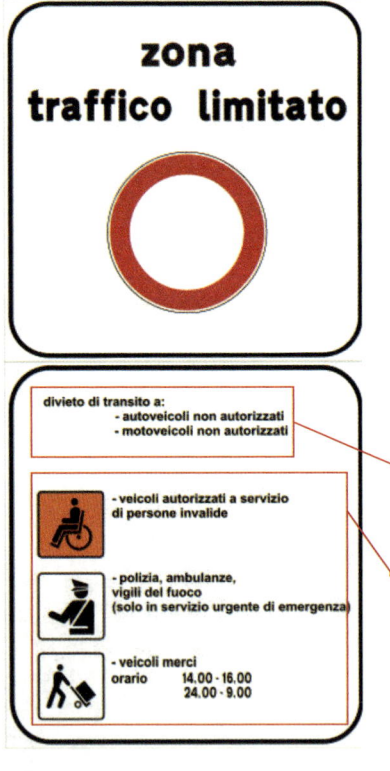

> **tips**
>
> 罗马、米兰、佛罗伦萨、威尼斯等旅游城市 ZTL 区域范围比较大,在选择前往一些市区的酒店和景点时一定要注意,以免误闯。如果选择入住的酒店在 ZTL 区域内,需要向酒店注册你的车牌,让相关人员帮助你消除记录。

未经授权的车辆、摩托车禁止入内

1. 授权服务车辆、残疾人
2. 警车、救护车、消防车(有紧急情况时)
3. 货物车辆
以上几种情况通行时间:14:00 ~ 16:00、24:00 ~ 9:00

2 避让行人

驾车时一定要让行人先行,没有例外。在接近斑马线的时候要适当减速。

3 开车前灯

意大利要求行驶的车辆即使在白天也必须打开近光灯,晚上没事别开大灯,也不要随意按喇叭。

4 系好安全带、使用儿童座椅

所有乘客都必须系好安全带,12 岁以下的儿童需使用合适的儿童座椅。

5 注意环岛

在进入环岛前,需礼让环岛内车辆,确定没车再进入。遵循"沿逆时针方向行驶"的原则。

6 注重路权概念

在十字路口,右方来车优先通行;在某些路段,会有标志说明对面来车路权较大,此时需礼让对面来车;遇到 STOP 标志,停车至少 3 秒再继续行驶。

7 注意交通信号灯

通常在红灯亮起时禁止右转,而有的红绿灯有右转箭头标志,这时直接跟着绿色右转标志转右即可。此外,在红绿灯路口前不要变道。

8 超车注意事项

通常内侧车道为超车道,若为 3 车道道路,则中间的车道为超车道。想要超车,须与右侧车道尽量保持距离。要注意,意大利市区的道路比较狭窄曲折,所以不要频繁地变道超车。

当遇到下列的标志时,请勿超车。

禁止超车

9 禁止超速

不要超速,一旦被隐藏的超速摄像头拍到,你将收到数目不小的罚单。高速公路限速 130 千米 / 小时,其他主要道路限速 110 千米 / 小时,建筑物密集的区域限速 50 千米 / 小时。

tips

在意大利驾车,一定要遵守交通法规,特别是在郊外开车,不要因为道路上车辆较少就为所欲为。此外,在意大利驾车时司机禁止吸烟,也严禁酒驾。

★ 道路标志解读

 交叉路口右车先行

 交通路口以及引导口有先行权

 前方三公里处经常出现动物横穿公路

 路口以及交通口需要停车让行

 前方海关

 雪和冰雨，注意

需要让行标志

交通信号灯标志

 马区区域

 前方收费站

 注意让行对面车辆

禁止任何车辆停放

公共汽车站

 只能停放出租车

 前方警察

 死胡同 此巷不通

在停车时禁止发动机启动

先行权标志

 黑色主路有先行权

 迎面来车拥有路权

 前方环岛

 解除道路优先权

★ 公路收费

意大利所有的高速公路（Autostrada）都需要支付通行费，国家主要公路（Superstrada）属二级公路，无须支付通行费。在付费时可用现金或信用卡支付。关于意大利高速公路收费情况可查阅意大利高速公路协会（la Società Autostrade）的官方网站 www.autostrade.it。

Telepass 卡支付　　信用卡支付　　现金支付

> **tips**
>
> 比较快捷的方式是使用"Viacard"或"Telepass"卡支付,但是租赁车辆一般不配备这种电子设备,所以还需选择白线通道使用现金或信用卡支付。

★ 掌握停车技巧

意大利的停车场和国内一样,进去按钮取票,出来人工付钱即可。路边停车位通常有三种颜色的区域,黄线车位为残障人士、外交车辆、卸货专用等特种车位;白线车位通常只能停2小时,有的只供当地居民使用,在停车时要注意停车格附近的标示;蓝色车位是收费停车位,可将车停好后去附近的机器投币拿票,将停车票放在驾驶前窗明显的位置即可。通常市区内停车位收费每小时1~2欧元。违规停车,罚款可达90多欧元。要注意,每座城市都可能有特殊的停车规定,在停车时需要以指示牌为准。

▲ 常见停车指示牌

★ 学会加油

意大利在城市各个角落及高速公路均设有加油站,有人工协助加油和自助式加油两种方式。需要注意的是,在意大利所租赁的汽车大多数为柴油车,在加油前一定要确认其燃料种类。如果是柴油,则应选择 Diesel 或 Diesel blu 加油枪位;如果是汽油,应停靠在 Gasoline 或 Petrol 加油枪位。

加油名称对照表			
中文	柴油	汽油	无铅
英语	Diesel	Gasoline 或 Petrol	Unleaded
意大利语	Gazole	Benzina	—

油价

意大利油价比较贵，约为 1.6 欧元 / 升。柴油一般比汽油便宜 10% ~ 15%。通常高速公路上的加油站油价较贵，而且每个城市油价也有所不同，一般在米兰、威尼斯附近的加油站，差不多 1.8 欧元 / 升。

加油付费方式

如果有人工协助你加油，只需将车辆停好并说明你所需燃料种类及金额即可，这种方式比自助加油价格略高一些。而自助式加油则可直接拔下油枪加油，机器会显示所加油量及价格。

在意大利自助加油，可以选择先加油，后付费；也可以先付费，后加油。

1 先加油，后付费

这种加油站通常有个小超市。在加油时，需先将车开到加油机旁，选择要加的金额，然后将油枪插入油箱口，捏住油枪开关即可加油。在加油时，要注意看加油屏幕是否已显示归零。你可以提前固定加油金额，这样当加到相近金额之后油枪会自己停下；如果选手动，需要看屏幕显示的金额等信息，然后觉得可以了再放掉油枪开关即可。

在加完油之后，到小超市中的收银柜台处，告知所用的加油机的号码，然后付款即可，通常可以刷卡。

tips

去超市付钱的时候，注意将自己的车开离加油的位置，以避免妨碍别人加油。

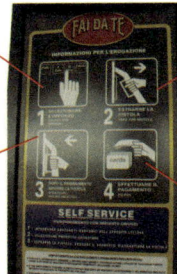

操作步骤
1. 选择金额
2. 用加油枪加油
3. 加满油后,放回加油枪
4. 到小超市付款

加油枪

2 先付款,后加油

在这种加油站加油,需要先看加油机的种类,有的可以直接刷卡或者投币,有的需要去旁边的小超市付款。付完款后,直接将油枪插入,当加到你所支付的金额时会自动停止加油。

★ 故障 / 违章 / 意外事故处理

故障

如果车辆在城市内出现故障或损坏,应立刻打开应急灯(双闪),在安全的前提下换道并停靠在路边的安全地带,在路上摆放三角形警戒标志。下车检查故障,需要穿上黄色或橙色安全背心。在需要的情

况下可直接联系租车协议上的门店或拨打道路救援电话,租车公司会及时给你提供相应的帮助。如果在偏远地区出现故障,不要轻易离开汽车,可拨打112(宪兵)、113(警察)、116(公路急救)电话等待救援。

如果是一些小故障,可以先告知租车公司,然后自己去维修站维修,拿好发票,还车时让租赁公司报销费用。

违章

在意大利,一旦违章将会遭受重罚。一定要严格按照限速牌上指示的时速行驶,绝不能超速行驶,也不要出现违规停车等违反当地交通规则的事。在收到交通罚单后,要及时凭罚款单到银行等指定地点缴纳罚款,勿当场将现金交给警察。

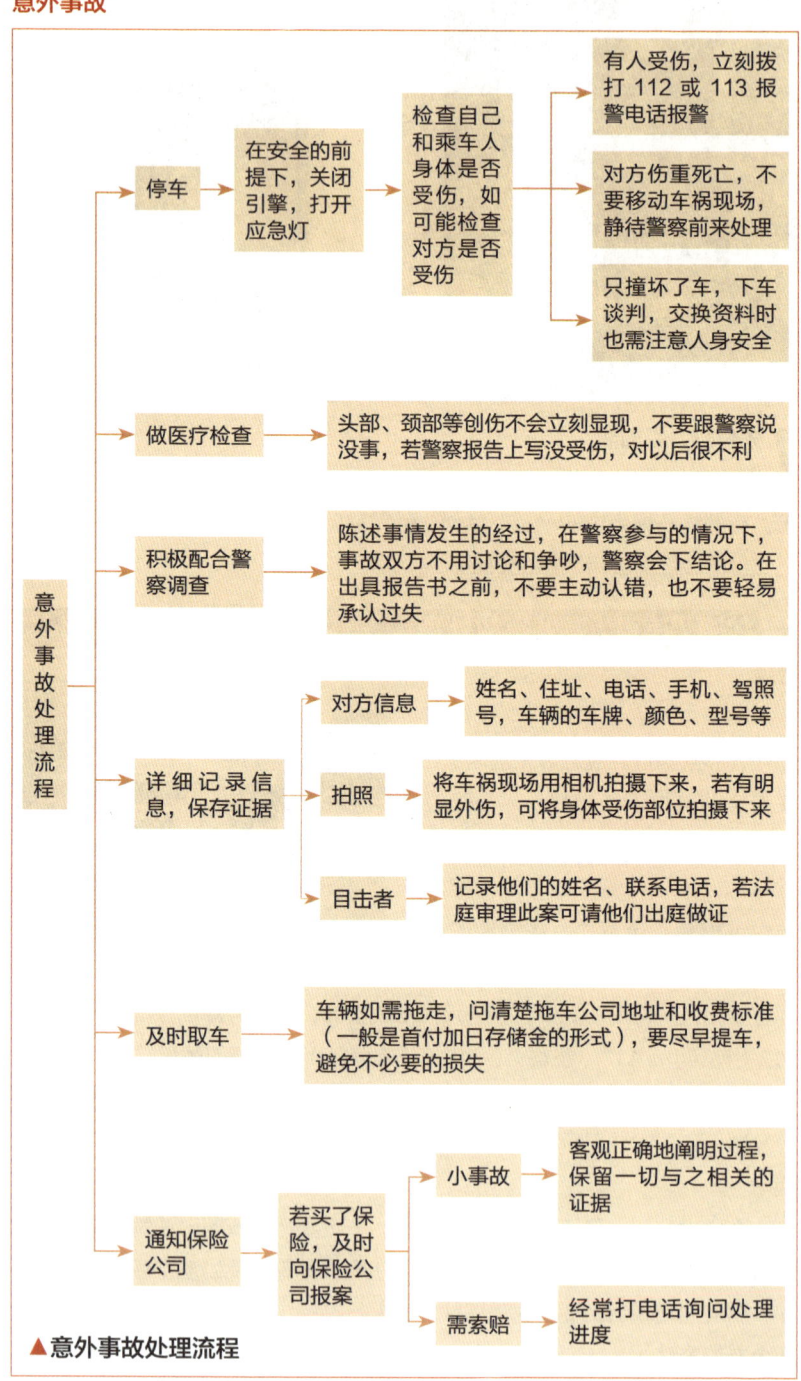

▲意外事故处理流程

★ 随车设备有备无患

导航仪

建议在国内带一个或者租一个导航仪，不要到了当地的租车公司再直接租，这是因为意大利租车公司提供的导航仪多为英文或意大利语界面和语音，如果你语言不通会很不方便；同时租车公司的导航仪往往价格比价贵。

当地最新地图

有了导航仪，当地最新地图也必不可少。地图可以提前在国内买好，也可到了当地买，很方便，可以到机场旅游服务中心去索取。建议在出发前标明目的地，以防途中问路时由于语言不通而表达不清。

其他必备物品

在外自驾，尽量随车携带急救包、足够的水、指南针以及汽车备用轮胎等物品，用以应对自驾时的一些突发问题。如果是冬天，车辆会行驶在积雪、结冰的路面，建议使用雪地轮胎或防滑链，可以在预订或取车时提出要求，并在取车时支付相关额外费用。有些租车公司在运行的主要滑雪点会随时提供滑雪板架。

管家提示

在意大利自驾，一定要严格遵守交通规则，注意交通安全。如果在意大利遇到交通事故，在立即向当地警方报案的同时，也不要忘了及时通知中国驻意大利的使领馆，可要求领事官员协助你通过法律途径或向保险公司争取赔偿。

NO.5 还车

过来人经验谈

相约在路上 · 男 · 自由职业者 · 热爱旅游，旅游经验丰富

在还车前记得把油箱加满，不然会得不偿失。我当时还看到一些攻略上说还车时还需要把车清洗干净，但经过实践证明，还车之前不用清洗车辆。为了避免回国后出现后续问题，在还车时尽量把各种细节事情处理完，比如在检查了所有项目后，还要相关工作人员确认是否需要补交额外费用，没问题了再签字走人。

Love Baby · 女 · 时尚辣妈 · 有丰富的亲子游经验

很多大型租车公司的租赁点通常会设有钥匙箱，方便租车人来自助还车。不过还是建议尽量不要自助还车，这样往往会出现较多的后续麻烦。

无畏的旅行者 · 男 · 公司总经理 · 喜欢从旅游中感受生活

在还车时，由工作人员检查完之后即可交还车钥匙，无须办理其他文件手续。相关的租车费，出租车公司会在48小时内在你之前登记的信用卡上扣款，同时会将账单明细发给你。

★ 机场还车轻车熟路

机场还车非常方便，进入机场范围一般都能看到明确的租车指示牌，很容易就能找到还车的门店。

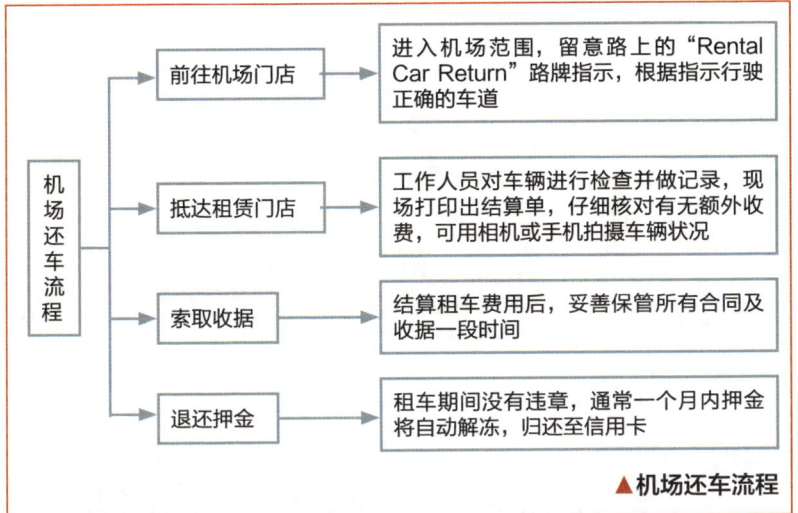

▲ 机场还车流程

★ 异地还车方便快捷

一般大型的连锁租车公司都可以异地还车，不过异地还车价格肯定比同一地点还车贵一些，两个地点的距离越长价格越贵。此外，不同租车公司的异地还车手续费不尽相同。意大利租车的异地还车费计算规则比较复杂，也比较昂贵，建议尽量同一地点还车。

管家提示

尽量不要推迟还车的时间，如果实在有事延误需提前通知租车公司，并且跟其说明原因。将在意大利租车的合同和关联单据保留一个月左右，以方便核对，比如核对汽车公司扣款等。

NO.6 自驾新方式

过来人经验谈

无畏的旅行者·男·公司总经理·喜欢从旅游中感受生活

　　我没有在意大利租房车自驾,但是曾经在巴黎租房车自驾过,再根据朋友在意大利租房车自驾的经验,总结了几个注意事项供大家参考。首先房车租赁的时间越长,价格越便宜。此外,要注意6～8月是意大利旅游旺季,一定要提前预订,否则很难租到房车,而且价格会贵很多。此外,由于房车空间比较大,吃饭睡觉基本上都可在其中解决,所以需要准备的东西也比较多,可以先列个表格,然后再进行准备,以免漏掉必备物品。

★ 小房车大世界

房车设施一应俱全，有厨房、卧室、卫生间、电视、衣柜、微波炉、冰箱等基本生活必需品。房车不太适合在市区行驶，风大的时候行驶起来也不方便，因而在预订房车自驾之前，要考虑好。

★ 房车自驾省钱小窍门

1. 上猫途鹰搜索特色美食

猫途鹰是一个类似于大众点评网的网站，可以上网搜索到自驾线路沿途大量的各类特色美食，中餐、意大利美食都可以选择，在品味美食的同时，还能节省不少用餐费用。

2. 通过竞拍预订星级酒店

在 Priceline 网站订酒店，提前在这个网站上竞价，找到既豪华又便宜的酒店。

3. 租车时间长比较划算

租车除了根据车型大小定价外，费用则按天（24小时）或周（168小时）计价。通常租车一周比单租一两天划算。

管家提示

意大利多数星级露营地开放时间为4～11月，其中6～9月为旺季。旺季时价格会翻倍，并且大多数星级露营地有最短入住限制，一般规定最少入住7晚，所以在网上预订露营地时，务必看清楚相关的预订须知。

Part 7
意大利主题游精选

NO.1 历史遗迹之旅

意大利作为文明古国，拥有着历史上显赫一时的古罗马帝国、历史悠久的庞贝古城、闻名于世的比萨斜塔和古罗马斗兽场。来到意大利，开启一场独特的历史探索之旅，将会使你的旅程变得更加有趣。

过来人经验谈

Potential Stocks · 女 · 设计师 · 喜欢追求新鲜事物

在一些帖子上看到有人说，罗马斗兽场可以不进去看，看也看不懂什么，只是感受一些沧桑感罢了，还不如在外边看着好看呢。我们一开始也是打算在外边拍拍照证明自己来过算了。但是由于我们到了罗马的第一天很兴奋，大早上就爬起来了，无意中看到晨光中的斗兽场格外美，我们便不禁进去看了。不知道是不是因为租了讲解器的原因，感觉那里有着厚重的历史感，非常不错。要注意，里面有一些很陡的阶梯，所以强烈建议游览时穿双舒适的鞋子。

Love Baby · 女 · 时尚辣妈 · 有丰富的亲子游经验

我对于罗马的喜爱，是因为著名的《罗马假日》电影。我想到这个赫本曾经走过的地方感受一下浪漫。我们自驾车行驶在罗马的街头，随街见到很多罗马风格的建筑，让我们真是大饱眼福。我们在罗马的第一站是著名的斗兽场，这里到处残痕累累，不过为数众多的游客让人感觉不出荒凉的味道。当然，西班牙广场是一定不能错过的了，我们一家人坐在广场的台阶上吃冰激凌，感觉格外好。

古罗马斗兽场

古罗马斗兽场（Colosseo），又称古罗马圆形竞技场，始建于公元72年。古罗马斗兽场是罗马乃至意大利的象征，在古罗马帝国时代，曾是观看角斗士之间、角斗士与猛兽间相互搏斗的竞技表演的地方，前来观看表演的观众既有市民，也有包括罗马皇帝在内的贵族阶层。斗兽场可容纳7万多人，还设计有宽敞的阶梯和走廊，并有80个拱门，能让5万人于10分钟内坐定。

- 🏠 **地址** Piazza del Colosseo 1, Roma
- 🚌 **交通** 乘地铁B线（蓝色）在Colosseo站下即到
- 💲 **门票** 成人12欧元，请导游5欧元
- 🕐 **开放时间** 夏季9:00～19:30，冬季9:00～16:30
- 🌐 **网址** www.archeoroma.com

tips

1 租一个语音导览器

古罗马斗兽场是一个历史韵味十足的游览地，前来游玩之前最好先阅读相关历史资料，了解其历史。如果没有做准备，可到斗兽场入口处购买中文讲解机，约6欧元。

2 注意防晒

夏季上午的太阳很晒，游览时注意做好防晒工作，也可从地铁Colosseo站出来后在斗兽场外边匆匆一瞥，到了夜晚再进入参观，斗兽场的夜景也挺漂亮的。此外，在斗兽场里可以俯瞰对面的君士坦丁凯旋门。

3 游览小窍门

在旅游旺季，前去参观之前，尽量在www.romapass.it办一张Roma Pass，这样在参观时就可以避开购票长队进入了。持有该卡可在有效期内免费乘坐罗马的公共交通工具，还可以免费参观罗马的博物馆。

万神殿

万神殿（Pantheon）兴建于公元前 27 年，被米开朗基罗赞叹为"天使的设计"，是古罗马精湛建筑技术的典范。万神殿是唯一保存完整的罗马帝国时期的建筑物，历经世间沧桑，铜门和拱门屋顶仍保存得完整如初。万神庙的穹顶中央开了一个圆洞，光线从圆洞中照射进来，使内部有一种宗教的静谧气息。此外，万神殿中安置着伟大的画家和建筑师拉斐尔的坟墓，在其墓上，是他的弟子洛伦泽托所作的一尊巨石圣母雕像。

- **地址** Piazza della Rotonda,Roma
- **交通** 纳沃纳广场向东，步行约 5 分钟；在特米尼火车站乘坐 64 路公交车，到 Largo d. Torre Argentina 站下即到
- **开放时间** 平时 8:30～19:30，周日 9:00～18:00，节假日所在的周每天 9:00～13:00；1 月 1 日、5 月 1 日、12 月 25 日不开放
- **网址** www.pantheonroma.com

> **tips**
> 由于这里是免费参观，所以前来游玩的人比较多。最好能正午去，此时从穹顶上洒下来的光看起来很有神韵。

庞贝古城

庞贝古城（Pompei）约建于公元前7世纪，是古罗马第二大繁华富裕的城市，人们称这里是"天然的历史博物馆"。后因维苏威火山爆发，庞贝被湮没，在地下沉睡了千余年后，才被人发掘。出土后的庞贝古城东西长1200米，南北宽700米，城内有呈"井"字形纵横交错的四条大街。城内宏伟的建筑物都集中在西南部一个长方形的公共广场四周，那里设有神庙、公共市场、市政中心大会堂等建筑物，曾是庞贝政治、经济和宗教的中心。1997年庞贝考古区同赫库兰尼姆和托雷安农齐亚塔考古区一并列入世界文化遗产名录。

- **地址** Via Dei Vesuvio, 80045 Pompei
- **交通** 从那不勒斯的Napoli Garibardi（Stazione Centrale F.S.）出发，坐Circumvesviana到Pompei Scavi下车
- **门票** 庞贝、赫库兰尼姆11欧元，老师、18~25岁学生、65岁以上长者半价；每个月的第一个周日免费入场
- **开放时间** 11月至次年3月 8:30 ~ 17:00，4 ~ 10月 8:30 ~ 19:30；1月1日、5月1日、12月25日关闭
- **网址** pompeiisites.org

> **tips**
>
> **1 可购买通票**
> 在庞贝游玩可选择1日通票，包括Oplontis、Stabia、Boscoreale这3个景点，6.5欧元；也可购买3日通票，包括Pompei、Ercolano、Oplontis、Stabia、Boscoreale 5个景区，22欧元。通票可以在以上任意一个景区的售票处购买。
>
> **2 提前看官网了解信息**
> 整个庞贝古城规模巨大，由于地图上全是意大利文，所以拿着地图游览也往往会迷路。你可以提前在官网（Maps And Guide）上查看地图，可以事先将地图上的意大利文翻译成中文。实在不行，可在那里请个导游。还可以租个讲解器，不过讲解器只有意大利语、英语、法语、西班牙语、德语，没有中文。
>
> **3 可以提前订票**
> 在景区排队买票往往要等30 ~ 60分钟，所以建议提前在官网上订票。

比萨斜塔

　　比萨斜塔（Torre di Pisa），始建于 1173 年，是奇迹广场的三大建筑之一。比萨斜塔是比萨城的标志，1987 年和相邻的大教堂、洗礼堂、墓园一起被列为世界遗产。斜塔原本为垂直建造，塔高设计为 100 米左右，但是在工程开始后不久便倾斜，直到 1372 年完工还在持续倾斜。意大利政府从 1990 年起关闭斜塔，斥巨资进行修复工作，于 2001 年完成修复。在这里还可以回味一下伽利略掷铁球的故事，或者拍几张有趣的"推歪"比萨斜塔的照片。

- **地址**　奇迹广场上，比萨大教堂的后面
- **交通**　从佛罗伦萨坐火车或汽车大约 1 个小时就可抵达比萨
- **门票**　13 欧元
- **开放时间**　12 月至次年 1 月 10:00 ～ 16:30，11 月、2 月 9:30 ～ 17:30，3 月 9:00 ～ 17:30，4 月、5 月、9 月 8:30 ～ 20:30，6 ～ 8 月 8:30 ～ 23:00，10 月 9:00 ～ 19:00
- **网址**　www.opapisa.it

tips

　　登塔需要 18 欧元，因为斜塔属于保护建筑，所以每天、每次上塔人数都会有所限制，可提前在 boxoffice.opapisa.it/Torre/index_ita.jsp 上预约。

其他历史遗迹

意大利其他历史遗迹推荐		
名称	地址	特色
佛罗伦萨历史中心	亚平宁山脚下，阿尔诺河盆地的山丘之间	佛罗伦萨作为文艺复兴的摇篮而闻名于世
那不勒斯历史中心	坎佩尼亚地区	保留了中世纪以来多种风格的古迹、建筑和艺术珍品
锡耶纳历史中心	锡耶纳市内	欧洲中世纪城市的代表，城市建筑被誉为"意大利哥特式建筑之典范"
圣天使城堡	古罗马地区的最西端	著名小说《天使与魔鬼》中的重要场景
罗马许愿池	Piazza di Trevi,00187 Roma	罗马境内最大的、知名度最高的喷泉
乔托钟楼	Piazza del Duomo, Florence	意大利著名的哥特式建筑
维罗纳圆形竞技场	Arena di Verona, Piazza Brà	每年7～9月都会上演传统的户外歌剧
萨沃王宫	Piazzetta Reale1, Torino	17世纪意大利最著名的建筑之一

管家提示

1 注意保护历史文物
意大利的历史古迹是人类的伟大财富，在游览时要注意维护环境卫生和公共秩序，保护生态环境和文物古迹。

2 提防吉卜赛人
意大利历史悠久的旅游胜地是当地旅游的亮点，所以前往旅游的人很多。在一些旅游著名景点，如古罗马斗兽场、庞贝古城等有很多吉卜赛人（其中包括很多妇女和儿童），他们通常借助手中的报纸、小商品或婴儿挡住你的视线，或转移你的注意力，然后半偷半抢。因而在游玩时，一定要看好自己的贵重物品，最好把贵重物品放在酒店。

3 旅游咨询
意大利很多城市设有旅游局（EPT）以及地方旅游协会（AAS）。这些机构免费提供旅游简介、地图、旅馆名单等。大多数咨询处的营业时间为周一至周五8:30~12:15、14:15~18:30（但因地而异）。

NO.2 博物馆之旅

意大利以有众多举世闻名的博物馆而引人注目，这些博物馆以其历史悠久的珍品向世人展示着意大利的艺术成就。著名的博物馆多集中在罗马、威尼斯、米兰、佛罗伦萨以及都灵这几个城市。

 过来人经验谈

 相约在路上·男·自由职业者·热爱旅游，旅游经验丰富

意大利很多著名的博物馆需要提前预订，不然需要排很长的队伍购票，尤其是旺季的时候。特别是梵蒂冈博物馆，这是大部分人意大利之行都会选择的必游之地，可在其官网 mv.vatican.ca 上预订。同时还要注意，复活节及其他一些节日博物馆不开放，这些日期要了解清楚。

梵蒂冈博物馆

梵蒂冈博物馆（The Vatican Museum）是位于罗马城中国家梵蒂冈的博物馆，可观赏程度可与伦敦大英博物馆和巴黎卢浮宫相媲美。这里收集有众多稀世文物和艺术珍品，其中包括拉斐尔、安吉利柯、达·芬奇、乔托、尼古拉·普桑和提香的绘画作品。梵蒂冈博物馆作为热门的景点，想要在此参观要做好排队的准备。这里的珍宝琳琅满目，在前去游览之前需要做好功课，以免在参观的时候错过著名的珍品。

- **地址** Viale Vaticano
- **交通** 乘地铁 A 线在 Ottaviano San pietro 站下车即到
- **门票** 16 欧元，持学生证等有效证件半价，每月最后一个周日博物馆免费
- **开放时间** 周一至周六 9:00 ~ 18:00（16:00 停止售票），每个月最后一个周日 9:00 ~ 14:00（12:30 停止售票）；1月1日、1月6日、2月11日、3月19日、4月20日、4月21日、4月27日、5月1日、6月29日、8月14日、8月15日、11月1日、12月25日、12月26日关闭
- **网址** mv.vatican.va

tips

在前往梵蒂冈博物馆参观之前，可以在官网上提前预约，否则通常要排一至两个小时的队。通过官网选择相应的门票之后，网站就会发给你一封预约邮件，你需将其打印出来，然后便可凭邮件上面的预约号码直接前往博物馆参观了。要在预约时间前 15 分钟前去等候。

乌菲齐美术馆

乌菲齐美术馆（Uffizi Gallery）又称为乌非兹美术馆，位于佛罗伦萨市的乌菲齐宫内，是世界上著名的绘画艺术博物馆。美术馆中的藏品是美第奇家族好几代人的珍藏，其中包括多幅传世名作，如波提切利的《维纳斯的诞生》《春》，米开朗基罗享有盛誉的《圣家庭与圣约翰》，拉斐尔的《金翅雀圣母》《教皇利奥十世肖像》，提香的《花神》。

- 地址　Piazzale degli Uffizi 6,Florence
- 交通　乘 A、B、23、71 等路公交车即到
- 门票　8 欧元
- 开放时间　周二至周日 8:15 ~ 18:50，每周一、1 月 1 日、5 月 1 日、12 月 25 日关闭
- 网址　www.uffizi.com

来美术馆参观可拨打电话 055-294883 进行预约。

碧提宫

　　碧提宫（Palazzo Pitti）是美第奇家族几代人居住的地方，收藏着一些祖祖辈辈留下来的各式艺术品，其中包括提香、拉斐尔、米开朗基罗的作品，俨然已成为一个馆藏丰富的博物馆。宫殿内分为帕拉蒂纳绘画馆、银器博物馆、近代绘画馆、服装博物馆、陶器博物馆、音乐厅等不同场馆，总称为碧提美术馆。

- 地址　Piazza Pitti 1,Florence
- 电话　055-2388614
- 网址　www.polomuseale.firenze.it

达·芬奇科技博物馆

　　达·芬奇科技博物馆（Leonardo da Vinci Museum of Science and Technology）原是 16 世纪的修道院，第二次世界大战期间被破坏后重建。现在主要用于收藏达·芬奇的遗物以及与他有关的模型和设计，其中包括数量众多的反映达·芬奇的科学想象力的手稿。除了与达·芬奇有关的展室，还有众多与天文、农业、电子等有关的展品。

- 地址　Via S. Vittore 21,Milano
- 电话　02-485551
- 交通　乘地铁 M2 线在 S. Ambrogio 站下，或乘 50、58 路公交车在 San Vittore 站下即到
- 门票　全票 10 欧元，青年票 7 欧元
- 开放时间　周二至周五、周日 9:30 ~ 19:00，周六 9:30 ~ 21:00；周一、6 月 1 日关闭
- 网址　www.museoscienza.org

其他博物馆

意大利其他博物馆推荐			
名称	地址	交通/开放时间	网址
罗马国家博物馆	Largo di Villa Peretti 1,Roma	周二至周日 9:00~18:45	archeoroma.beniculturali.it
博尔盖赛美术博物馆	Piazzale del Museo Borghese, 5,00197 Roma	周二至周日 8:30~17:30，周一、1月1日、12月25日关闭	www.galleriaborghese.it
佛罗伦萨学院美术馆	Via Ricasoli,66, 50122 Firenze	乘坐10路公交车在San Marco Rettorato 站下即到	www.accademia.firenze.it
威尼斯艺术学院美术馆	Campo della Carità,1050, 30123 Venezia	周一 8:15~14:00，周二至周日 8:15~19:15；1月1日、12月25日关闭	www.gallerieaccademia.org
20世纪博物馆	Via Marconi,1, 20100 Milano	乘地铁M1或M3线在Duomo站下即到	—
波尔迪·佩佐利美术馆	Via Alessandro Manzoni,12, 20121 Milano	10:00~18:00，周二、1月1日、4月25日、复活节、5月1日、8月15日、11月1日、12月8日、12月25~26日关闭	www.museopoldipezzoli.it
兰博基尼博物馆	Automobili Lamborghini S.P.A, Via Modena 12,Bolognese	从Bologna Autostazione 站乘坐576路公交车在S. Agata B. Chiesa Fra 站下车即到	www.lamborghini.com
那不勒斯国家考古博物馆	Piazza Museo, 19,80135 Napoli	乘地铁L2号线在Cavour站下即到	www.cir.campania.beniculturali.it/museoarcheologiconazionale

管家提示

1 提前预订

意大利很多知名的博物馆很受欢迎，在前去游览之前尽量在博物馆的官网上预订，或者在意大利专门的预订网站 www.ticketone.it 上预订。免得到时候排队等候。你可以购买当地通行证，比如罗马可使用 Roma Pass。

2 购买威尼斯博物馆通票

可在 selectitaly.com/browse/things-to-do/museum/id:152/museums-pass-venice 上购买博物馆＆圣马可广场通票（Venice Museums Passes）。拥有这张通行证，可以参观总督宫（Doge's Palace）、科雷尔博物馆（Museo Correr）、考古博物馆（Museo Archaeologico）以及马尔西安那国家图书馆（Biblioteca Nazionale Marciana）。

NO.3 广场之旅

走在意大利各大城市之中，你总会发现一些热闹的广场。这些广场或者拥有造型精美的喷泉，或者是《罗马假日》中的唯美场景，又或者是传统节日的公共活动中心。无论如何，这些广场都以自身独特的风格吸引着各种肤色的人来一探究竟。

过来人经验谈

 Potential Stocks · 女 · 设计师 · 喜欢追求新鲜事物

意大利的广场真的很多，但是都风格不一，让人百看不厌。通常意大利广场中都配有喷泉、雕塑、纪念柱等，由于广场位于交通要道上，所以人流会聚，在附近可以找到很多购物地和就餐地。最让我开心的事是一些喷泉很独特，塑造出了一种意境美，绝对不同于那些只简单喷出几注水花的喷泉。

 无畏的旅行者 · 男 · 公司总经理 · 喜欢从旅游中感受生活

西班牙广场上人很多，在那里看到了各种街头表演。在西班牙台阶下是著名的破船喷泉。走过破船喷泉，沿着那条路一直走便可到达康多提大道，这里是著名的名店街，有众多名品店云集。

威尼斯广场

威尼斯广场（Piazza Venice）是罗马最大的圆形广场，广场附近著名的景点有维克多·伊曼纽尔二世纪念堂、科斯美汀圣母教堂、真理之口、威尼斯宫博物馆等。维克多·伊曼纽尔二世纪念碑是罗马的标志之一，每年6月2日国庆日都会在此进行阅兵式；而著名的真理之口则因其在电影《罗马假日》中把奥黛丽·赫本吓得花容失色而出名。

- **地址** Piazza Venezia,Roma
- **交通** 乘地铁B线（蓝色）Colosseo站下即到

纳沃纳广场

纳沃纳广场（Piazza Navona）堪称罗马最美丽的广场，因保留有3座著名喷泉而出名。这3座喷泉分别是广场北边的海神喷泉、广场中央的四河喷泉和南边的摩尔人喷泉。其中，最有名的喷泉为四河喷泉。

- **地址** Piazza Navona,00186 Roma
- **交通** 乘广场30、40、46、62、63等路公交车即到

西班牙广场

西班牙广场（Piazza di Spagna）多年来一直是罗马文化和旅游的中心地带，是最繁荣的商业中心。司汤达、巴尔扎克、瓦格纳、李斯特、勃朗宁等大文豪和艺术家们都在这一带居住过，同时这里还因《罗马假日》中奥黛丽·赫本曾在其台阶上吃冰激凌而家喻户晓。广场上著名的建筑有破船喷泉、圣三一教堂等。

- **地址** Piazza di Spagna,187 Roma
- **交通** 乘地铁A线在Spagna站下车即到
- **网址** www.piazzadispagna.it

圣马可广场

圣马可广场（Plazza San Marco）又称威尼斯中心广场，曾被拿破仑称为"世界上最美丽的客厅"。广场东侧是圣马可大教堂和四角形钟楼，西侧是总督府和圣马可图书馆。广场上有数以万计的鸽子及演奏乐队，时不时还有戴着奇异面具的小丑经过。

- **地址** 威尼斯市中心
- **交通** 乘1号水上公交在Vallaresso站或S.Zaccaria站下船即到
- **门票** 四角形钟楼6欧元

其他广场

意大利其他广场推荐		
名称	位置	交通
人民广场	罗马科尔索大道尽头	从中央车站乘地铁A线在Flaminio站下车即到
共和国广场	罗马圣殿大道与伏尔泰大道交汇处	乘地铁MEAR线在Repubblica站下即到
佛罗伦萨市政广场	佛罗伦萨卡尔查伊欧利路	乘C2路公交车在Condotta站下即到
比萨大教堂广场	比萨市中心	乘1、3、15、26、NAV1路公交车在F.Pacini,14下
卡比托利欧广场	罗马市卡比托利欧山上	从维克多·埃曼纽尔二世纪念堂前方，通过阿拉柯利阶梯上去即到
米开朗基罗广场	佛罗伦萨市区南端	乘12、13路公交车在Piazzale Michelangelo站下车即到
马乔列广场	博洛尼亚Via Indipendenza路尽头	沿着Via dell' Indipendenza大道步行即到
香草广场	维罗纳市区北部	乘70、71、96、97路公交车在P.za Erbe Fr. 21下即到

管家提示

广场上一般游客众多，一定要小心保管好个人财物，以免被盗。

NO.4 教堂之旅

意大利的教堂遍布全国各地，且很多教堂都有几百上千年的历史。著名的米兰大教堂、花之圣母大教堂、安康圣母教堂在世界上享有盛誉，更是意大利经典的"名片"。

过来人经验谈

快乐旅程·男·公司职员·无甚旅行经验

意大利的教堂比较多，在穿着上一定要注意，不要穿没有袖子的衣服，短裤也一定要过膝盖，不然不可进入。

相约在路上·男·自由职业者·热爱旅游，旅游经验丰富

罗马是去意大利旅游的必游城市，如果去教堂游玩，一般人都会去梵蒂冈的圣彼得大教堂。因此，我们也首先来到了这里，让我感到惊奇的是，梵蒂冈的圣彼得大教堂检查太严格了，甚至还要接受安检，在前去参观前，要注意着装及随身携带物品。

PART 7 意大利主题游精选

圣彼得大教堂

圣彼得大教堂（St. Peters Basilica）是意大利文艺复兴与巴洛克艺术的殿堂，也是世界上最大的教堂及罗马天主教的中心教堂。此外，教堂还是世界上最大的殡葬纪念馆，埋葬着各代教皇的圣骨。自1870年以来，重要的宗教仪式几乎都在这里举行。教堂的建筑、绘画、雕刻、藏品，都称得上是艺术珍品。需要注意的是教堂圣地有严格的着装要求，严禁穿短裤、短裙或过于短小的上衣进入。

- **地址** 彼得广场西面
- **交通** 乘地铁A线在Ottaviano San pietro站下车即到，或乘19号有轨电车在Risorgimento-San Pietro下，步行约5分钟即到
- **门票** 步行登穹顶5欧元，乘电梯7欧元
- **营业时间** 教堂4～9月7:00～19:00，10月至次年3月7:00～18:00；地下墓穴4～9月7:00～18:00，10月至次年3月7:00～17:00；穹顶4～9月8:00～17:45，10月至次年3月8:00～16:45
- **网址** www.vatican.va

米兰大教堂

　　米兰大教堂（Milano Cathedral）是世界第二大教堂、第一大哥特式教堂，又因其主教堂全部采用大理石建成而成为欧洲最大的大理石建筑之一。教堂有超百个大小尖塔，每个塔上都有一座雕像，也因此成为世界上雕像最多的哥特式教堂。1805 年，拿破仑曾在此加冕成为意大利国王。此外，米兰大教堂精美华丽的外观汇集了多种民族的建筑艺术风格，其中最为耀眼夺目的是德意志建筑风格。

- **地址**　Piazza Duomo 18,Milano
- **交通**　乘地铁 M1 或 M3 至 Duomo 站下，或乘 3、24 路有轨电车至 Dogana（Duomo）站下即到
- **电话**　02-72022419
- **门票**　教堂 2 欧元；圣约翰洗礼堂 6 欧元；博物馆（Museo del Duomo）6 欧元，26 岁以下青年 4 欧元；登顶电梯 12 欧元，楼梯 7 欧元；套票（电梯 + 考古区 + 圣约翰洗礼堂）15 欧元
- **营业时间**　教堂 7:00 ~ 19:00，电梯 9:00 ~ 19:00，博物馆周二至周日 10:00 ~ 18:00；元旦、五一、圣母升天节和圣诞节关闭
- **网址**　www.duomomilano.it

花之圣母大教堂

　　花之圣母大教堂（The Duomo），又译为百花大教堂、佛罗伦萨大教堂，建于 1296 年，是佛罗伦萨的地标。花之圣母大教堂作为 13、14 世纪佛罗伦萨财富和权势的象征，其整体规模宏大、装饰绚丽，是佛罗伦萨哥特式建筑的光辉典范。教堂的圆顶线条流畅和谐，高耸于教堂中殿之上，十分引人注目。

- **地址**　Piazza del Duomo,Florence
- **交通**　乘 1、6、17、14、22、23、36、37、71 路公交车即到
- **电话**　055-2302885
- **门票**　圆顶 6 欧元，博物馆 6 欧元，塔楼 6 欧元，洗礼堂 3 欧元
- **营业时间**　平时 10:00~17:00；周四：5 月、10 月 10:00~16:00，7~9 月 10:00~17:00，1~4 月、11 月、12 月 10:00~16:30；周六：10:00~16:45；周日和宗教节日 13:30 ~ 16:45；圣诞节、元旦、主显节、复活节关闭
- **网址**　www.museumflorence.com

圣马可大教堂

圣马可大教堂（Basilica di San Marco）曾是中世纪欧洲最大的教堂，是威尼斯建筑艺术的经典之作。教堂曾经是个礼拜堂，传说用来安放福音传道者圣马可的遗体。教堂门口上面的拱廊上有很多精美的马赛克镶嵌画，主门上方的阳台是4只仿造的镀金铜马，很是壮观。大教堂同时是一座藏品丰富的宝库，其中位于十字架右侧的珠宝馆中存列有1204年从君士坦丁堡掠夺的宝贝；还有陈列着镀金铜马真品的圣马可博物馆。

- **地址** San Marco 328,Venice
- **门票** 圣马可博物馆4欧元，回廊2欧元，黄金祭坛3欧元
- **营业时间** 11月至次年3月/4月（复活节）：大殿9:45～17:00，周日和节假日14:00～16:00；圣马可博物馆9:45～16:45；回廊/黄金祭坛9:45～16:00，周日和节假日14:00～16:00。3月/4月（复活节）～10月：大殿、回廊/黄金祭坛9:45～17:00，周日和节假日14:00～17:00；圣马可博物馆9:45～16:45
- **网址** www.basilicasanmarco.it

安康圣母教堂

安康圣母教堂（Chiesa di Santa Maria della Salute）正式落成于1687年，为典型的威尼斯巴洛克式建筑。该教堂由著名设计师巴达萨雷·隆格纳设计，是威尼斯共和国政府在1630年黑死病肆虐之际决定兴建的。正堂顶部为正八角形的巨型圆顶，周围有6座礼拜堂环绕。圣器室内很有看点的是描绘旧约圣经故事的壁画——《大卫和哥利亚》，以及由提香创作的顶棚画及丁多托的《迦纳的婚礼》等艺术佳品，不容错过。

- **地址** Fondamenta Salute,Venice
- **交通** 乘1号水上公交在Salute站下船即到
- **门票** 参观圣器室1.5欧元
- **营业时间** 9:00～12:00、15:00～18:00

圣玛利亚感恩修道院和教堂

　　圣玛利亚感恩修道院和教堂（Santa Maria delle Grazie）位于米兰的圣玛利感恩广场上，以教堂墙壁上绘制有著名画家达·芬奇的画作《最后的晚餐》而受人瞩目，并于 1980 年列入世界遗产名录。修道院和教堂是 1463 年由米兰建筑师索拉里兄弟修建，达·芬奇在 1495—1497 年在大厅北墙上绘制了举世闻名的油画作品——《最后的晚餐》。这幅惊世之作达·芬奇至少用了 20 年的时间起草，而真正绘画则只用了 3 年时间。

- **地址**　Piazza di Santa Maria delle Grazie,20123 Milano
- **电话**　《最后的晚餐》预订电话 02-92800360
- **交通**　乘地铁 1 号线在 Conciliazione 站下，或者乘地铁 2 号线在 Cadorna 站下即到
- **门票**　修道院免费；《最后的晚餐》6.5 欧元，18~25 岁学生 3.25 欧元，18 岁以下未成年人及 65 岁以上长者免费，提前预订需加 1.5 欧元预订费
- **营业时间**　修道院 7:00~12:00、15:00~19:00，节假日 7:30~12:15；15:30~21:00；《最后的晚餐》周二至周日 8:15~18:45
- **网址**　legraziemilano.it

其他教堂

意大利其他教堂推荐		
名称	位置	交通
四泉圣嘉禄堂	Via del Quirinale 23,00187 Roma	乘地铁 A 线在 Barberini 站下车,步行约 3 分钟即到
圣母大殿	Piazza di S. Maria Maggiore 42,00100 Roma	乘地铁 A、B 线在 Termini 站下车,向南步行约 10 分钟即到
拉特朗圣若望大殿	Piazza di San Giovanni in Laterano 4,Roma	乘地铁 A 线在 S.Giovanni 站下车,步行约 3 分钟即到
圣伯纳迪诺骨教堂	Via Carlo Giuseppe Marlo 4, 20122 Milano	乘地铁 M1 或 M3 号线在 Duomo 站下即到
圣·洛伦佐教堂	Piazza S.Lorenzo,Florence	乘 C1 路公交车在 San Lorenzo 站下车即到
圣十字教堂	Piazza S.Croce,Florence	乘 C1 路公交车在 Magliabechi 站下车即到
比萨大教堂	奇迹广场上	乘 70、71、110 等路公交车可到
锡耶纳大教堂	Piazza del Duomo,8, 53100 Siena	乘 21、54、589 路公交车在 Via Fontebranda Macelli 站下即到

管家提示

1 远离陌生人
意大利一些教堂位于广场上,当你进入教堂之前,如果有人靠近你向你兜售鸟食和彩绳,切记要远离他们,否则他们会纠缠你向你要钱。

2 进入教堂参观讲究多
教堂是神圣的参观地,进入其中参观时要注意穿着得体,不许穿无袖或短裤入内,特别是梵蒂冈的圣彼得大教堂检查十分严格,所以,如果赶上游览当天天气很热,别忘了带上长裙、长裤,以方便更换;不能携带大包行李入内参观,可将其存入附近的小巷里;教堂内禁止拍照,不得大声喧哗。

3 观赏《最后的晚餐》
如果计划去观赏《最后的晚餐》,一定提前至少一个月在网上(www.vivaticket.it)预订。不然是很难有机会进去参观的,因为前往参观的人员有一定的限制,而且每批人只能待 15 分钟。

NO.5 其他特色主题

意大利被誉为"欧洲大陆烹饪之始祖",这里的美食自然是不可不尝的。吃饱喝足之后,也不要忘了到美丽的西西里岛与撒丁岛畅游,到阿尔卑斯山滑雪,以及到美丽的阿马尔菲海岸感受美景。

 过来人经验谈

 **Potential Stocks · 女 · 设计师 喜欢追求新鲜事物**

　　我和我的吃货朋友都深深为意大利的美食着迷,而在品尝各种美食的同时葡萄酒不可或缺。好奇心的驱使,让我们开启了一程美酒之旅。我们从北部到中部跨越了皮埃蒙特、托斯卡纳、翁比亚这三个盛产葡萄酒的大区。本来冲着美味的葡萄酒去的,但一路走来我们发现更吸引人的是那美丽如画的风景和热情好客的主人。这一切的所见所闻,在回国很久之后谈论起时,我依旧两眼放光,这也许就是旅行最美好的回忆吧。

 相约在路上 · 男 · 自由职业者 · 热爱旅游,旅游经验丰富

　　早就对世界十大最美自驾公路之一的阿马尔菲有所耳闻,于是这次意大利之行专门规划出几天时间自驾阿马尔菲。的确,这是一个依山傍海、风景绝美的地方。不过道路很窄,虽然我有比较多的驾驶经验,但是在对面有车驶来时还是有点小怕。更让我无语的是,正好是周末出行,有点堵,很遗憾错过了阿马尔菲的日落美景,不过日落后的景色也是很不错的,因而还是挺开心的。

PART 7 意大利主题游精选

★ 品味意大利美食

意大利美食的烹饪方式变化多样，口味独特，使得生活在这里的人们时时刻刻可以享用到精致的美食。意大利各个地方都有自己当地的特色美食，如艾米利亚-罗马涅大区聚集了意大利最丰富的特色美食；托斯卡纳区是橄榄油盛产之地；伦巴第大区则以奶酪、酒、腌肉等意大利传统美食享誉全世界；威尼托区则以清淡而富有营养的美食及著名的葡萄酒而闻名。

吃意大利菜通常要佐以葡萄酒才够完美。意大利作为欧洲最早得到葡萄种植技术的国家之一，其葡萄酒产量和质量远远超过法国。下面就来介绍意大利几处著名的葡萄酒产区：

★ 畅游西西里岛与撒丁岛

西西里岛（Sicilia）是地中海第一大岛，首府和最大城市为巴勒莫。前往游玩的最佳旅游时间在每年4~5月和9~11月期间，著名景点有圣约翰教堂、王室山、阿格里真托、埃特纳火山等。

撒丁岛拥有优美怡人的海岸线、独立的礁石、长长的沙滩以及洞穴，是饱览海滨胜景的不错之选。

★ 在阿尔卑斯山滑雪

阿尔卑斯山脉位于欧洲中南部，覆盖着意大利北部边界，在这里有很多著名的滑雪场地值得人们探索。其中，位于科尔蒂纳丹佩佐的科尔蒂纳滑雪度假村可与阿尔卑斯山脉中的任何一座滑雪场相媲美。这里曾主办过 1956 年冬奥会，雪场面积很大，其雪道 90% 为人工覆盖，所以不必担心非雪季滑雪问题。此外，还有切尔维尼亚等，也是不错的滑雪地。

★ 探索阿马尔菲海岸

阿马尔菲海岸是全世界 50 个最美景点之一，温柔的海风、星罗棋布的房屋、壮观的夕阳美景，仿佛桃源仙境般美丽，与希腊诸岛一起被誉为"人间天堂"。阿玛尔菲海岸东起海滨小城萨莱诺，西至苏莲托，其间途经拉维罗 (Ravello)、阿马尔菲 (Amalfi)、波西塔诺 (Positano)、米诺利 (Minori) 等临海小镇。自驾车沿着高速公路，驶入阿玛尔菲海岸，沿着海岸行驶，一面濒海，一面临崖，就这样沉醉于令人心醉的美景中。

管家提示

阿马尔菲海岸只有一条沿悬崖而建的主干道，道路异常狭窄，自驾时要注意安全；另外，那里也往往很难找到车位，在自驾前，一定要询问所订酒店是否提供车位。

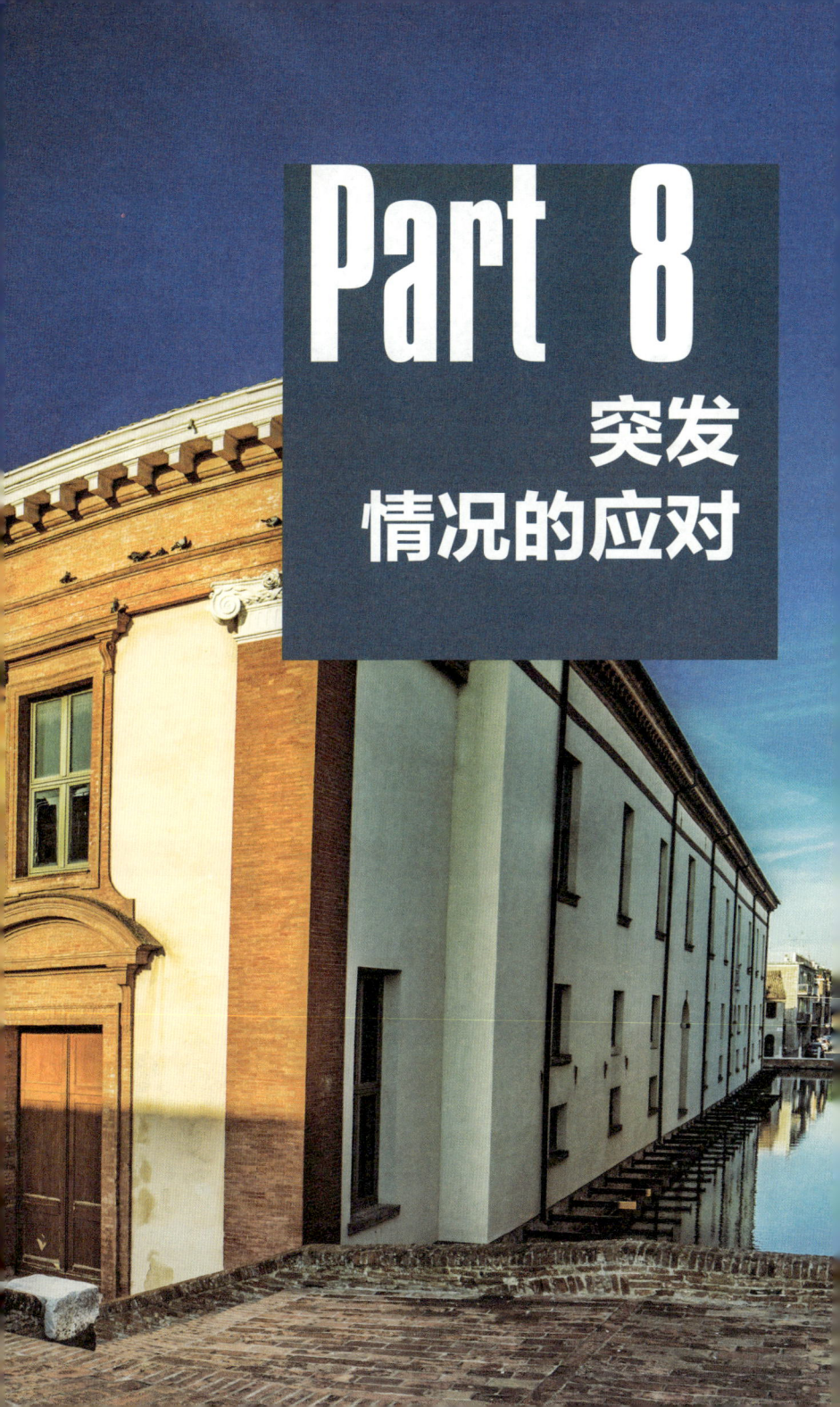

Part 8
突发情况的应对

NO.1 物品丢失

过来人经验谈

Potential Stocks · 女 · 设计师 · 喜欢追求新鲜事物

如果发现护照不见了，先回想一下出行路线，若遗失在车上、餐厅或酒店，找回的可能性比较大。如果被偷时能及时发现，可沿路返回寻找，国外的小偷大多只对钱感兴趣，对无用的卡片、证件等则会随手丢在附近。不要错过垃圾桶，还要通知现场的警察和工作人员，请他们协助寻找。

★ **护照丢失**

 第一时间到当地警察局挂失

如果确定护照丢失，要尽快去当地的派出所或警察局报案挂失。意大利警方出具的护照丢失证明是办理旅行证或护照的必备材料之一。报警的时候可以直接到警署报案，也可以拨打当地的报警电话，一般当天即能拿到警察局的证明。

 申请补办护照或旅行证

在遗失护照后，需到中国驻当地的大使馆或领事馆补办护照或旅行证，才能回国。旅行证是

和护照同等大小的蓝本，除个人信息外都是空白签证页。一般空白旅行证只能做回国使用，必须和护照复印件及意大利警方出具的护照丢失证明共同使用。需要注意的是，持临时证件的人士不能从香港入境。

> **tips**
> 1. 只出示空白旅行证，上面并无特殊说明，查证件人仍然会认为你持有的是空白护照，如无警察出具的护照丢失证明，仍然会被认为是持空白护照非法入境。因此，警方出具的护照丢失证明不可丢失。
> 2. 出国前将相关身份证明先做好备份，并随身带上复印件。最好的办法是将身份证、护照首页和签证页、户口本、机票行程单拍成照片，备份在电邮中。

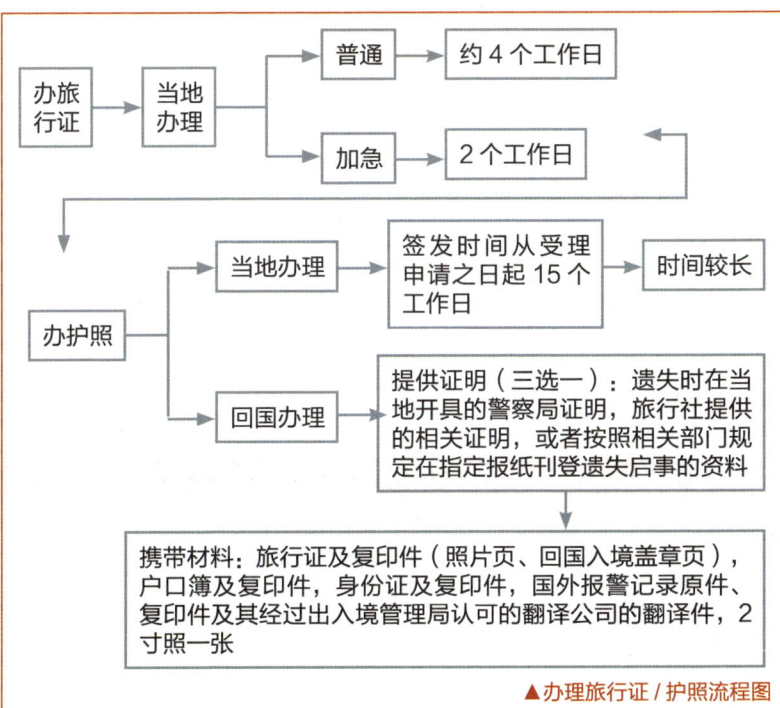

▲办理旅行证/护照流程图

★ 信用卡丢失

1 拨打电话挂失

拨打所持信用卡国际组织的24小时海外紧急支援电话，办理挂失。如果不方便，可打电话回家，让家人帮助挂失。

2 紧急取现

每家信用卡发卡行紧急取现金额上限不同，仅限一次。

3 申请补卡

你可选择在当地补卡，问清补发所需时间和手续，告诉对方自己在意大利的地址，办卡通常需 1~2 天。如果在国内发卡银行补卡，至少需要 1 周的时间。失卡人也可在指定的当地发卡机构领取紧急替代卡。紧急替代卡仅供一般消费，无法取现，有效期一般为两周至一个月。

tips

1. 出发前把发卡金融机构的名称、客户服务电话号码以及信用卡账号记录下来，以便需要时翻查。

2. 紧急取现和紧急补卡都要收取服务费。VISA 和 MasterCard 金卡在境外补发替代卡时不收服务费，普通卡则需收取一定的服务费。

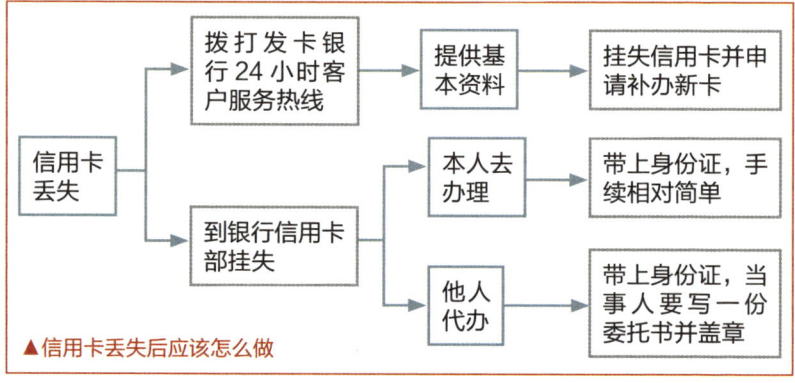

▲信用卡丢失后应该怎么做

★ 行李丢失

1 在周围找

先看周围有没有类似的行李，若有，行李可能被错拿。

2 找人帮忙

在机场或酒店都可以找工作人员帮忙。

3 遗失登记

在机场，可持贴在登机牌上的行李存根，填写报失单，写清楚行李箱中的物品和价格，保留一份副本及工作人员的姓名及电话。

4 理赔

行李在 3 天内没有被找到，航空公司会按照合同给予赔偿。

★ 机票丢失

1. 机票挂失

在国内机票丢失,可直接打电话到对应的航空公司挂失,然后到柜台换领新的机票;在意大利丢失,可到航空公司在当地的办事处办理替代机票。如果是电子机票遗失了,则无须挂失,可凭身份证或护照直接登机。

2. 补办机票

带机票复印件到对应的航空公司在当地的办事处办理挂失并补开替代机票。

3. 申请退费

若没有原机票复印件,可以另外买机票回国,回国后再到原航空公司填写遗失机票挂失申请单。如果遗失的机票没被盗用,一定期限后,可向航空公司申请退费。

★ 遇到小偷

若遇到了被偷或被抢的情况,可向当地警察报案或请酒店柜台工作人员找警察来处理,申请开被偷证明,便于向保险公司申请理赔。如果在街上遇到这种情况,不要试图与小偷搏斗或去抓小偷。

> **管家提示**
>
> 在意大利旅行,应提高安全防范意识,妥善保管个人财物,注意人身安全。不要随身携带大量现金,并将护照复印件留家中备用;不要将贵重物品留在酒店房间,在办理酒店入住、退房手续时,要特别注意包不离身;当有人和你搭讪或者试图分散你的注意力时,要及时确认随身财物安全,警惕团伙偷盗行为。

NO.2 身体不适

过来人经验谈

快乐旅程·男·公司职员·无甚旅行经验

身体不舒服的时候,一些常用语很有帮助,我通常都会提前记录一些比较常见的词汇和句子。

Potential Stocks·女·设计师·喜欢追求新鲜事物

如果突发急病或晚间看病可以直接前往医院急诊室(Pronto Soccorso),或拨打急救电话118。如果感觉不太严重,可以自己去药店买些药,意大利的药品比较便宜。

★ 说说意大利医疗

由于时差或饮食的关系,初到意大利可能会出现头痛、胃痛、失眠及感冒等症状,熟悉意大利的医疗体系,有利于及时解决旅途的病痛问题。意大利有比较完善的医疗保健服务,但医院分布不均匀,通常各大型城市中的公立医院比较多,相对来说意大利北部比南部的公立医院多一些。

★ 在意大利看普通病

1 若需要英文医生

在意大利的大城市,一般可以找到能说英文的医生,可以在当地的电话黄页上查找医生信息,也可以让保险公司提供能讲英文的医生的信息。

2 预约
看病时需要与医生预约就诊时间。

3 付费
看病后医生会给你开一些治疗小病的非处方药,然后凭药方到药店购买,注意保留好单据然后再去保险公司报销。

★ 在意大利急诊

1 发生有生命危险的急诊
可拨打急救电话 118 叫救护车,到达急诊中心(Pronto Soccorso)后先由急诊分诊护士按病情轻重分类,后由医生处理。急救中心的服务原则上不会依照先来后到的次序,而是依据患者的严重程度,并用 3 种不同颜色区分患者病情的紧急程度。

2 没有生命危险的急诊
可自行前往医院急诊中心,需带好医疗保险证明,或按医院的要求支付押金,若有保险则可由保险公司支付相关费用。如果急需住院治疗,急救中心的医生会直接安排你住院;如果不急需住院,可向医院提出申请然后才可住院治疗。

紧急救助颜色区分	
颜色	说明
红色	患者处于紧急状态,必须马上诊治
黄色	患者处于次紧急状态,病情严重,不可久等
绿色	患者没有危险,可以等待稍后处理

★ 买药方式

意大利的药店(Farmacia)比较多,可凭借医院医生出具的处方购买药物,也可购买治疗自身小病的药物。网上也有很多"药店",但口碑良莠不齐,建议在实体店买药。去药店购物时,可提前认清以下词汇。

药物中意文对照			
意大利文	中文	意大利文	中文
lassativo	通便剂	uso esterno	外用
pomata	药膏	uso interno	内用
sciroppo	糖浆	prima i pasti	饭前服用
sedativo	镇痛剂	dopo i pasti	饭后服用
tintura di iodio	碘酒	venduto dietro presentazione della ricetta medica	凭处方出售
purgante	泻药	istruzioni per l'uso	用法
vitamina	维生素	solo per uso esterno	只供外用
tisana	汤剂	agitare prima dell'uso	用前摇匀
vasellina	凡士林	a digiuno	空腹服
termometro	体温表	veleno	有毒

★ **食物中毒**

如果只是轻微食物中毒，可先试着喝大量水，清理肠胃，上吐下泻症状差不多结束之后，再吃点止泻药。若比较严重，可请求别人帮忙，到附近社区的诊所或医院就诊。

★ **突发疾病**

可求助于身边或附近的人员，请他们帮忙叫救护车或送往附近的医院尽量安排就医。若为慢性病发作，在国内需提前准备并携带英文诊断书，以便当地医生尽快做出判断。

★ **普通感冒**

在去意大利前，可以准备一些常见的治疗感冒的药品。出现感冒症状时，可先吃药缓解下，再好好睡上一觉，补充体力。

管家提示

身体不适常用语			
中文	意大利文	中文	意大利文
送我到医院	Mi porti all'ospedale	我感觉不舒服	Non mi sento bene
我出了事故	Ho avuto un incidente	我发烧了	Ho la febbre
护士在哪里	Dov'è l'infermiera	我嗓子痛	Ho mal di gola
我需要会讲英语的医生	Ho bisogno di un dottore che parli inglese	我需要开药吗	Ho bisogno di una ricetta
我到底怎么了	Cosa ho esattamente	这附近有药房吗	C'è una farmacia qui vicino

NO.3 其他突发事件

过来人经验谈

无畏的旅行者·男·公司总经理·喜欢从旅游中感受生活

可提前到外交部网站 www.mfa.gov.cn 上查询中国驻意大利使领馆的联系方式以及相关的旅行提醒、警告等,提前做好应对突发情况的准备。

★ 卫生间的那点事

意大利的公共厕所需要收费,通常收费 1～1.5 欧元,尤其是在威尼斯,公共厕所费用更贵,收费可达 1.5～5 欧元。此外,在一些景点内有免费的厕所,而街边的餐馆或者咖啡厅中的厕所,只供入内消费的顾客使用,如果没在其中消费则需要交费。

tips

上完厕所后,可直接将卫生纸扔在马桶中,用水冲走。

★ 迷路了怎么办

在旅途中迷路,不要盲目前行,最好的解决办法是主动问路。问路对象建议选择警察、附近商家,也可以选择学生等,要礼貌地询问。如果带有地图或指南针,可先大概确定自己的方位和住宿地方向,查看附近有无标志性建筑或相符的地理特征。此外,迷路了还可以打电话到租车公司进行咨询。

管家提示

单身旅行者或几个人结伴旅行时,建议不要在大街上把地图摊开进行研究,这样容易成为坏人的目标。

专题：
带小孩游意大利

在意大利，等孩子享用完美味的意大利比萨或意大利面之后，让他们拿着一个冰激凌，然后就可以带他们开启一程美妙的意大利之旅啦。

★ 出行准备

1 父母与孩子同行
18岁以下未成年人与父母双方同行，除了需提供父母护照及签证页复印件等基本资料外，还需提供未成年人出生公证书（中意文对照，必须有孩子照片），同时上边需注明亲属关系。

2 父母一方与孩子同行
与父或母一方同行，除需提供未成年人出生公证书及其他基本资料外，未同行的父亲或母亲还需提供出行同意书。

3 不可出行
不可让孩子与父母以外的非直系亲属同行，更不可让他们单独出行。

★ 机票

国内航空公司规定婴儿必须出生满14天后才能登机，以免呼吸器官无法适应。购买婴儿票须告知出生日期，婴儿票一般是正价的10%，没有燃油和机场建设费，没有座位。已满2周岁未满12周岁（以起飞日期为准）的儿童，按同一航班成人普通票价的50%付费，有座位。

1 座位选择

换登机牌时，提前声明自己带有孩子，尽量让工作人员安排在人少的地方或者靠舱壁的座位。带孩子最好坐在靠边的位置，可把毛巾放在前面的地板上，让孩子在上面玩耍。

2 儿童餐或婴儿餐

部分国际长途飞机提供儿童或婴儿餐，需要在购票时说明需要婴儿餐，不说就没有。

3 生理安全

起飞和降落时，小孩耳膜容易受影响，可给小孩喂奶或让小孩喝水、吃东西等，尽量让小孩张开嘴，让耳膜受气压平衡就好。

4 注意卫生

若小孩需要换尿布，一定要带去卫生间处理。飞机两边的厕所，都带有供婴儿更换尿布的放板。

5 随身携带物品

带好婴儿食品，以备不时之需；飞机上较干燥，带上湿纸巾。如果怕小孩哭闹，可以准备小孩平时喜欢的图画书或不出声的玩具，还可以准备一些小孩喜欢吃的零食。

tips

多数航空公司规定：2岁以下的宝宝按机票10%收费，不需要机场建设费与燃油附加费。已满2周岁未满12周岁的儿童按同一航班成人普通票价的50%付费，加上燃附附加费的50%，提供座位。另外要注意，孩子享受五折票价是固定要求，有时候比较亏，比如成年人买票时享受了二折优惠，而孩子还是得按照五折来付费。

★ 住宿

预订意大利住所时，可选择酒店、家庭旅馆、民宿，房间通常有两张床，适合举家出行者。有些酒店可提供付费的婴儿床或活动床，这些床以折叠床为主，小孩不一定能睡得好；有些酒店，对不满12岁的儿童甚至是18岁以下的青少年可以安排"免费入住"。如果选择民宿，在预订时要询问是否允许儿童入住。

★ 游玩

意大利有很多适合带孩子游玩的地方，无论是震撼人心的历史遗迹，还是馆藏丰富的各大博物馆，或是各种精美绝伦的壁画与充满神话色彩的故事与传说，都将让孩子大开眼界。

1 时间选择

夏季（6~8月）时，意大利大多数地区属于高温地带，常常有超过35℃的高温，相对来说北部和中部山区在夏季时较为凉爽。冬季北部地区较寒冷，南部以及海岛地区较温暖，平均气温约为15℃。最佳的旅游季节是春季和秋季，但是这两个季节也是旅游旺季。不过，冬季圣诞节意大利又是另一番景色，也可带小孩子去北部山区看雪景、参加滑雪运动等。

2 线路设计

设计线路时要考虑行程尽量轻松，不能让小孩子过于劳累。在行程中尽量安排一些有趣的旅游点。如果天气不好，可安排到博物馆等室内场所游玩。如果租车自驾，儿童要坐安全座椅。

3 适合孩子游玩的地方

罗马：古罗马斗兽场、威尼斯广场、万神殿、罗马许愿池

米兰：米兰大教堂、圣玛利亚感恩修道院和教堂、达·芬奇科技博物馆、布雷拉宫美术馆、科莫湖及周边地区

威尼斯：圣马可广场、安康圣母教堂、威尼斯大运河、穆拉诺岛、布拉诺岛

佛罗伦萨：花之圣母大教堂、乌菲齐美术馆、乔托钟楼、碧提宫

那不勒斯：那不勒斯皇宫、那不勒斯国家考古博物馆、那不勒斯新堡、庞贝古城及周边地区

博洛尼亚：海神喷泉、双塔、圣卢卡拱廊、兰博基尼博物馆

西西里岛：马西莫剧院、陶尔米纳、阿格里真托、莫迪卡

比萨：比萨斜塔、比萨大教堂

都灵：都灵王宫、都灵皇家歌剧院、国家电影博物馆

4 享受折扣

意大利很多景点对儿童都有一定的优惠，有些景点和游玩设施还提供家庭套票，比单买合适。大多数的景点对2岁以下的儿童免费开放。

★ 医疗

出门前建议准备适合小孩用的抗感冒、退烧、止咳、止呕、止泻等常用药，最好准备一支体温计。意大利的医药费比较贵，在出国之前可购买旅行伤害保险和医疗保险，带上保险公司所发的小册子，若孩子受伤或生病，可按小册子联系当地的指定机构。

tips

1 注意交通出行安全
在上下车拥挤时一定要看护好孩子，以防孩子被挤伤或碰伤；在自驾出行时，不要让孩子靠近打开的车窗；教孩子一旦被反锁在车里，要学会以尖叫或大喊的方式报警。

2 游玩安全事项
在儿童玩过山车等大型运动项目之前，一定要告诉孩子，中途千万不要站起来，也不能解开安全带。

3 告诉孩子迷路了该怎么办
告诉孩子不要跟随陌生人走，如果感觉自己无法摆脱陌生人，可以乘其不备向人多的地方跑；要让孩子知道家人的电话号码，教会孩子怎样找到公用电话、怎样打电话，必要时还可以寻求警察叔叔的帮助；在孩子身上放一张家长的联系卡。

4 给孩子准备一部手机
给孩子准备一部只能打电话、发短信的超长待机手机，并教会孩子使用，手机里面存上父母的联系方式、中国公安局、意大利警察局的电话，让孩子多次练习从意大利往中国拨打电话的办法，万一孩子打不通意大利的电话、听不懂英语或意大利语，这种办法能救孩子。

PART 8 突发情况的应对

专题:
陪老人游意大利

意大利丰厚的历史底蕴以及为数众多的世界遗产,不仅深受年轻人的迷恋,也越来越受老年人的青睐。在意大利,无论是在古罗马斗兽场感受斑驳的历史痕迹,还是泛舟威尼斯运河,或者是步行在美丽的果园与农场间,都将收获到意外的旅行的乐趣。

★ 签证

老年人签证,除了准备签证表格、本人有效护照及旧护照(原件)和2份最新护照的个人材料页复印件(一份为彩色复印件)、户口本及身份证的彩色复印件1份、申根保险(保额不低于3万元人民币)、飞机票及酒店预订单等必备材料,还需准备财产证明、退休证明(有退休工资银行卡的还需准备好相关银行卡复印件)、旅游计划、老年人健康体检等辅助材料。

★ 住宿

在意大利住宿,可选择酒店、公寓、民宿等,预订时可询问酒店是否有电梯和早餐。入住时,尽量让工作人员安排安静、整洁的房间。老人夜间要有陪伴人员同住,房间最好是两铺位的标准房,不宜住在人多、声音嘈杂、干扰安睡的地方,以保证能得到6~7小时的睡眠时间。

★ 游玩

对于老年人而言,一些轻松的游乐环境无疑是最适宜的,在意大利,这样的地方可谓数不胜数。老年朋友可以观赏著名的壁画——《最后的晚餐》,可以在那不勒斯街头享受当地人散发着无穷魅力的日常生活,也可以到撒丁岛海滨尽情陶醉于让人心旷神怡的美景之中……

1 时间选择

对老人来说，寒冷的冬天和炎热的夏季都不太适合外出旅游，春暖花开的时节最适合。此外，还要注意，旅游时间不宜过长，建议以 7～12 天为宜。

2 行程安排

旅游会打破老人平时的作息习惯，还要适应意大利的时差，所以在行程安排上不宜太紧密，以舒适、慢节奏为主。选择目的地时，除了老人感兴趣、没去过的新鲜地方外，还要考虑目的地的气候、地理条件、舒适度等要素。老人宜多逛古老建筑与博物馆等市内景点，少参加一些登高涉险的活动。对身体比较好的老人，可适当安排一些难度不大的泛舟、徒步项目。

3 推荐游玩地

罗马：罗马斗兽场、罗马许愿池、西班牙广场、圣彼得大教堂（梵蒂冈）

米兰：米兰大教堂、《最后的晚餐》

威尼斯：威尼斯大运河、叹息桥、圣马可广场

佛罗伦萨：花之圣母大教堂、乌菲齐美术馆、旧桥

比萨：比萨斜塔

4 享受优惠

老年人前往意大利旅游，有各种优惠可享受。不少航空公司、意大利的旅游景点等，对老人都有特别的优惠票价。

★ 饮食

老人在外旅游，饮食应以清淡为主，多吃蔬菜水果。对意大利各地的特色美食，以品尝为主，不宜吃太多。吃海鲜时，肠胃不好的老人要谨慎。若吃不习惯当地的菜肴，可到中餐馆吃中餐。

tips

1 出门前检查身体状况

老人出门旅游，要根据具体状况，提前做好身体准备。如果是患有慢性病的老人，出游前最好拜访一下医生，让医生鉴定自己的身体状况是否适合出游。即使是身体状况较好的老人，也建议在出门前进行一次常规体检。

2 携带常用药

出门在外，生活习惯有所改变，容易引起身体不适。老人如患有高血压病、糖尿病、冠心病等，要带好必要的药品。此外，还可带一些防止晕车、晕船、止泻、消炎或通便等的药物。

Part 9 附录

★ 应急电话

应急电话			
名称	电话	名称	电话
宪兵	112	电话查询	12
警察	113	电话故障	187
火警	115	旅游讯息	1518
公路急救	116	铁路公司 (Trenitalia)	848888088
金融警察	117	罗马菲乌米奇诺机场	06-65951
医疗急救	118	米兰马尔彭萨机场	02-26800627
海上急救	1530	罗马出租车	06-6645、06-4994
中国驻意大利大使馆	06-96524200	米兰出租车	02-5353、02-858、02-6767

★ ATM 取款常用语

ATM 取款常用术语			
中文	英文	中文	英文
现金	Cash	密码	Personal Identification Number
取现	Withdrawal	更改密码	PIN Change
转账	Transfer	账户余额	Account Balance
快速取款	Fast Cash	余额查询	Balance Inquiry
支票账户	Checking Account	可用余额	Available Balance
储蓄账户	Saving Account	余额不足	Not Sufficient Funds
信用卡	Credit Card	终端便利费	Terminal Usage Fee
交易凭条	Recipt	取现金额超限	Amount exceeds withdrawal limit

★ 中国驻意大利使领馆

中国驻意大利使领馆			
名称	地址	办公时间	电话
中国驻意大利大使馆	Via Bruxelles 58, 00198 Rome	周一至周四 9:30 ~ 12:30（节假日除外）	06-97611442
中国驻意大利米兰总领事馆	Via Benaco 4, 20139 Milanno	周一、二、三、四 9:15 ~ 12:00（节假日除外）	02-5693869
中国驻意大利佛罗伦萨总领事馆	Via Del Della Robbia,89-91 50132 Firenze		055-5058188

★ 意大利主要旅游网站

意大利主要旅游网站推荐			
名称	网址	名称	网址
意大利国家旅游局	www.enit.it	那不勒斯旅游网	www.inaples.it
意大利华人网	www.huarenwang.com	意大利景点门票预订网	www.vivaticket.it
罗马官方旅游网站	www.turismoroma.it	意大利文化网站	www.ticketone.it
米兰旅游网	www.turismo.comune.milano.it	意大利共和报	www.repubblica.it
AC米兰中文官方网站	acmilan.titan24.com	威尼斯国际电影节	www.labiennale.org
威尼斯旅游网	www.venice-tours.net	多洛米蒂山脉登山指南	www.via-ferrata-dolomites.com
佛罗伦萨旅游网	www.firenzeturismo.it		

★ 意大利世界遗产

截至2015年第39届世界遗产大会结束，意大利共计拥有51项世界遗产，其中1项与梵蒂冈共有，2项与瑞士共有，1项为6国共有。遗产总数名列世界第1位。

意大利世界遗产		
遗产名称	入选时间	类型
卡莫尼卡河谷岩画	1979 年	文化遗产
绘有达·芬奇《最后的晚餐》的圣玛丽亚感恩教堂和多明戈修会修道院	1980 年	文化遗产
罗马历史中心,城中享有治外法权的罗马教廷建筑和城外的圣保罗教堂	1980 年（1990 年扩大范围,与梵蒂冈共有）	文化遗产
佛罗伦萨历史中心	1982 年	文化遗产
比萨大教堂广场	1987 年（2007 年对遗产范围略作修改）	文化遗产
威尼斯及其潟湖	1987 年	文化遗产
圣吉米尼亚诺历史中心	1990 年	文化遗产
马泰拉的石窟民居和石头教堂花园	1993 年	文化遗产
维琴察城和威尼托的帕拉第奥风格别墅	1994 年（1996 年扩大范围）	文化遗产
阿达的克雷斯皮	1995 年	文化遗产
文艺复兴城市费拉拉城及其波河三角洲	1995 年（1999 年扩大范围）	文化遗产
那不勒斯历史中心	1995 年（2011 年对遗产范围略作调整）	文化遗产
锡耶纳历史中心	1995 年	文化遗产
蒙特城堡	1996 年	文化遗产
拉韦纳的早期基督教古迹	1996 年	文化遗产
皮恩扎城历史中心	1996 年	文化遗产
阿尔贝罗贝洛的圆顶石屋	1996 年	文化遗产
卡塞塔的 18 世纪皇宫及其园林,万维泰利水道和圣莱乌乔建筑群	1997 年	文化遗产
阿格里真托考古区	1997 年	文化遗产
庞贝、赫库兰尼姆和托雷安农齐亚塔考古区	1997 年	文化遗产
帕多瓦植物园	1997 年	文化遗产
摩德纳的大教堂、市民塔和大广场	1997 年	文化遗产
阿马尔菲海岸	1997 年	文化遗产
韦内雷港、五村镇和沿海群岛（帕尔玛利亚岛、蒂诺岛和提内托岛）	1997 年	文化遗产
萨沃王宫	1997 年	文化遗产
巴鲁米尼的努拉西	1997 年	文化遗产
卡萨尔的古罗马别墅	1997 年	文化遗产

续表

遗产名称	入选时间	类型
阿奎拉考古区及主教大教堂	1998 年	文化遗产
包括帕埃斯图姆和韦利亚考古遗址的奇伦托和迪亚诺河谷国家公园，以及帕杜拉的笃西会修道院	1998 年	文化遗产
乌尔比诺历史中心	1998 年	文化遗产
哈德良别墅	1999 年	文化遗产
阿西西的圣方济各大教堂与其他方济各会遗迹	2000 年	文化遗产
维罗纳城	2000 年	文化遗产
伊奥利亚群岛	2000 年	自然遗产
蒂沃利的伊斯特别墅	2001 年	文化遗产
诺托谷地的晚期巴洛克风格城镇	2002 年	文化遗产
皮埃蒙特和伦巴第的圣山	2003 年	文化遗产
圣乔治山	2003 年（2010 年扩大范围，增加在意大利境内的部分）	自然遗产
塞尔维托里和塔尔奎尼亚的伊特鲁立亚人公墓	2004 年	文化遗产
奥尔恰谷	2004 年	文化遗产
锡拉库扎城和潘塔立克石墓群	2005 年	文化遗产
热那亚新街和罗利宫殿体系	2006 年	文化遗产
曼托瓦和萨比奥内塔	2008 年	文化遗产
阿尔布拉／伯尔尼纳文化景观中的雷塔恩铁路	2008 年	文化遗产
多洛米蒂山脉	2009 年	自然遗产
阿尔卑斯山周围的史前湖岸木桩建筑	2011 年	文化遗产（与瑞士、法国、奥地利、德国、斯洛文尼亚共有）
托斯卡纳地区的美第奇别墅和花园	2013	文化遗产
皮埃蒙特的葡萄园景观：朗格罗埃洛和蒙菲拉托	2014	文化和自然遗产
阿拉伯－诺曼风格建筑群以及切法卢和蒙雷阿莱大教堂	2015	文化遗产

★ **意大利行政区划**

　　意大利全国划分为 20 个大区（regione），习惯上把意大利分为北部、中部和南部（包括西西里和撒丁岛）。

意大利行政区划			
大区中文名称	大区意大利语名称	首府中文名称	首府意大利文名称
阿布鲁佐	Abruzzo	拉奎拉	L'Aquila
巴西利卡塔	Basilicata	波坦察	Potenza
卡拉布里亚	Calabria	卡坦扎罗	Catanzaro
坎帕尼亚	Campania	那波利	Napoli
艾米利亚－罗马涅	Emilia-Romagna	博洛尼亚	Bologna
弗留利－威尼斯朱利亚	Friuli-Venezia Giulia	的里雅斯特	Trieste
拉齐奥	Lazio	罗马	Roma
利古里亚	Liguria	热那亚	Genova
伦巴第	Lombardia	米兰	Milano
马尔凯	Marche	安科纳	Ancona
莫利塞	Molise	坎波巴索	Campobasso
皮埃蒙特	Piemonte	都灵	Torino
普利亚	Puglia	巴里	Bari
撒丁	Sardegna	卡利亚里	Cagliari
西西里	Sicilia	巴勒莫	Palermo
托斯卡纳	Toscana	佛罗伦萨	Firenze
特伦蒂诺－上阿迪杰	Trentino-Alto Adige	特伦托	Trento
翁布里亚	Umbria	佩鲁贾	Perugia
瓦莱达奥斯塔	Valle D'Aosta	奥斯塔	Aosta
威尼托	Veneto	威尼斯	Venezia

★ 女性与儿童健康

女性健康

在意大利旅行，女性卫生用品很容易买到，质量还比较好，避孕药品的选择比较多，也可以自己携带。

在意大利旅行应保持良好的个人卫生习惯。可穿宽松的衣服和纯棉内裤，有助于防止真菌感染。尿道感染可能由脱水或长时间乘坐汽车而很少有机会上厕所所致，可携带适当的抗生素。

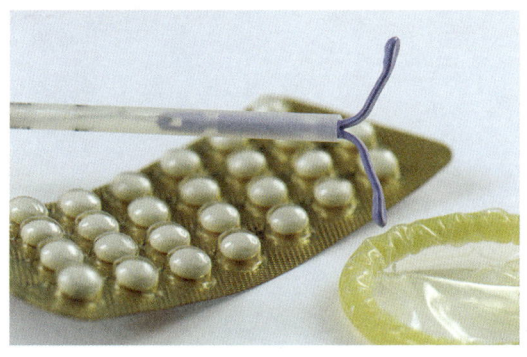

儿童健康

儿童的抵抗力、耐性较差，出门旅游，应该注意选择卫生条件好、交通方便的旅游点。选择定点旅游，避免东奔西跑，天天换酒店。选择适合宝宝游玩的安全项目。

儿童的衣物、食品、药品、手推车等，要在出行前准备好。若宝宝喝牛奶，要携带多个奶瓶替换，晚上回酒店要用热水消毒洗净，而且要带热水瓶。不要让孩子吃生冷的食物，如沙拉、冰水之类。

旅行时，婴幼儿可怀抱或让其坐推车，可行走的幼龄儿童要由成人搀扶。儿童好动，旅游中可能会擦伤、跌倒、扭伤，甚至骨折，家长要密切留意孩子的举动。

在坐飞机或坐车时，要帮助或督促儿童系好安全带（婴幼儿抱在怀中），不要让他随便走动，防止颠簸时因碰撞而受伤。儿童的情绪波动大，哭闹时可能会妨碍他人休息，所以应做好安排，如让他看图书、听故事。飞机起降时，儿童会感到耳朵痛，让他们喝奶、咬奶嘴、嚼糖果有助于减轻症状。

儿童旅游时，对外界的环境变化适应能力较弱，更容易对陌生环境产生水土不服的情况，发病率比成人要高，如他们吃饭少了或是活动少了，应注意孩子是否生病。如果孩子表现得不耐烦、疲惫，或是生病时，就应该让他休息，而不应该要他带病出游。

对于身体状况不佳的孩子来说，父母应该在外出前就到医院咨询儿科医生。出行前可以给孩子带些调节肠道功能的药、感冒退烧药、藿香正气水等，用来防治因饮食不卫生引起的腹泻。

托斯卡纳布鲁内洛风光

策划编辑：马　瑞
责任编辑：贾东丽

图书在版编目（CIP）数据

意大利旅行助手/《出境旅行助手》编辑部编著
.——北京：旅游教育出版社，2016.1
（出境旅行助手丛书）
ISBN 978-7-5637-3281-4

Ⅰ．①意… Ⅱ．①出… Ⅲ．①旅游指南—意大利
Ⅳ．①K954.69

中国版本图书馆CIP数据核字（2015）第268087号

意大利旅行助手

《出境旅行助手》编辑部　编著

出版单位：	旅游教育出版社
地　　址：	北京市朝阳区定福庄南里1号
邮　　编：	100024
发行电话：	(010) 65778403　65728372　65767462（传真）
本社网址：	www.tepcb.com
E-mail：	tepfx@163.com
印刷单位：	北京利丰雅高长城印刷有限公司
经销单位：	新华书店
开　　本：	787mm×1092mm　1/32
印　　张：	7.5
字　　数：	155千字
版　　次：	2016年1月第1版
印　　次：	2016年1月第1次印刷
定　　价：	39.00元

（图书如有装订差错请与发行部联系）